THOMAS KETTLER VERLAG

Müritz-Elde-Wasserstraße

KANU KOMPAKT

Impressum

© 2017 **THOMAS KETTLER VERLAG**
Von-Hutten-Str. 15
D-22761 Hamburg
Tel +49 (40) 39 10 99 10
Fax +49 (40) 390 68 20
mail@thomas-kettler-verlag.de
www.thomas-kettler-verlag.de

1. Auflage April 2017
Text: Bernhard Nentwich, Thomas Kettler
Lektorat: Thomas Kettler, Carola Hillmann
Titelfoto: *Bootshäuser entlang des Eldekanals* von Andy Mendyk (CC BY-SA 3.0 Wikimedia Commons) und Thomas Kettler (M)

Karten: Jübermann – Kartographie u. Verlag und Carola Hillmann
Umschlagkarten: Heide Schwin, Stepmap
Satz & Layout: Nicole Laka, Carola Hillmann
Illustration: Ann-Sophie Ränger, Carola Hillmann
Idee und Konzept: Carola Hillmann
Lektorat Kanufahrschule: Falk Bruder
Druck: AZ Druck und Datentechnik GmbH, Kempten

Fotos: ***Bernhard Nentwich*** Seite 25, 32, 39 unten, 44, 45, 70
Thomas Kettler: Seite 5, 6, 7 oben & Mitte, 8, 9, 17, 18 oben, 19, 20, 22, 26, 27, 28, 29, 30, 31, 33, 36, 39 oben, 43 oben, 46, 48, 52, 55, 56 unten, 57, 58, 60, 62, 63, 65 oben, 66 unten, 68, 71, 80, 81, 83, 86, 87
Philippe & Claudine Boerave: Seite 1, 16, 18 unten, 23, 37, 38, 41, 42, 47 unten, 54, 56 oben, 74, 75, 76, 77, 78, 82, 88, 92, 93
Mirko Kühn: Seite 7 unten, ***Bildnachweise CC BY 2.0 Wikimedia Commons:*** Seite 21: Peter Mulligan, Seite 43 unten: Niteshift, Seite 47 oben: Nature act , Seite 50: Hartmut Leu, Seite 65 unten: Alexandr Frolov, Seite 66 oben: m1966kessy, Seite 90: Wolfgang Köhn

Bibliografische Information der Deutschen Nationalbibliothek
Die Deutsche Nationalbibliothek verzeichnet diese Publikation in der Deutschen Nationalbibliografie; detaillierte bibliografische Daten sind im Internet über *http://dnb.d-nb.de* abrufbar.

ISBN 978-3-934014-59-6

Infos zum Paddeln und zur Müritz-Elde Wasserstraße

Die Tour auf der Müritz-Elde-Wasserstraße

Teil 1 – Von Plau am See bis Dömitz an der Elbe

Teil 2 – Von Buchholz bis Plau am See

Adressen

Weiteres

Vorwort

Vorurteile sind dazu da, dass sie widerlegt werden. Im Fall der Müritz-Elde-Wasserstraße ist das überhaupt kein Problem. Formal ist sie ein Kanal und damit nach in Paddlerkreisen vorherrschender Meinung langweilig, öde, viel befahren und damit für Paddler eigentlich eine Zumutung.

Jedoch ist (fast) alles anders. Der Motorbootverkehr ist ausgesprochen überschaubar und wegen der Geschwindigkeitsbegrenzung auf 6 km/h zudem völlig unkritisch, zum weitaus größten Teil ist der „Kanal" sehr naturbelassen und als solcher kaum erkennbar, die Infrastruktur für Paddler mit vielen Wasserwanderrastplätzen ist überwiegend gut und unterwegs liegen eine Reihe kleinerer Landstädte, die einen Besuch wert sind.
Rund 120 km lang ist die Teilstrecke von Plau am See bis Dömitz an der Elbe und damit für eine mehrtägige Gepäckfahrt sowohl für Anfänger als auch für versierte Paddler gleichermaßen geeignet, sowohl mit Kajak als auch mit Kanadier.

Für versierte *Kajak- / Seekajakfahrer geeignet ist das Teilstück von Buchholz bis Plau am See, da es im Wesentlichen über die großen und damit sehr windanfälligen Seen Müritz, Kölpinsee, Fleesensee und Plauer See führt. Je nach Streckenführung werden da aus den offiziell „nur" 59 km schnell fast doppelt so viele. Bei der hier gewählten Strecke immer relativ dicht unter Land kommt man so auf immerhin 96 km, die in Teil zwei dieses Kanuführers beschrieben sind. Empfehlenswert ist auch diese Strecke, aber eben nur unter der Voraussetzung, dass die Wetterbedingungen mitspielen, das passende Bootsmaterial (abgeschottete Kajaks) und das entsprechende Können vorhanden sind.*

Dieser Kanu-Reiseführer mit seinen zahlreichen Tipps zu natur- und kulturhistorischen Sehenswürdigkeiten soll Ihnen die Planung und Durchführung der eigenen Kanutour ermöglichen und zu einem unvergesslichen Urlaub verhelfen.

Bernhard Nentwich
& Thomas Kettler

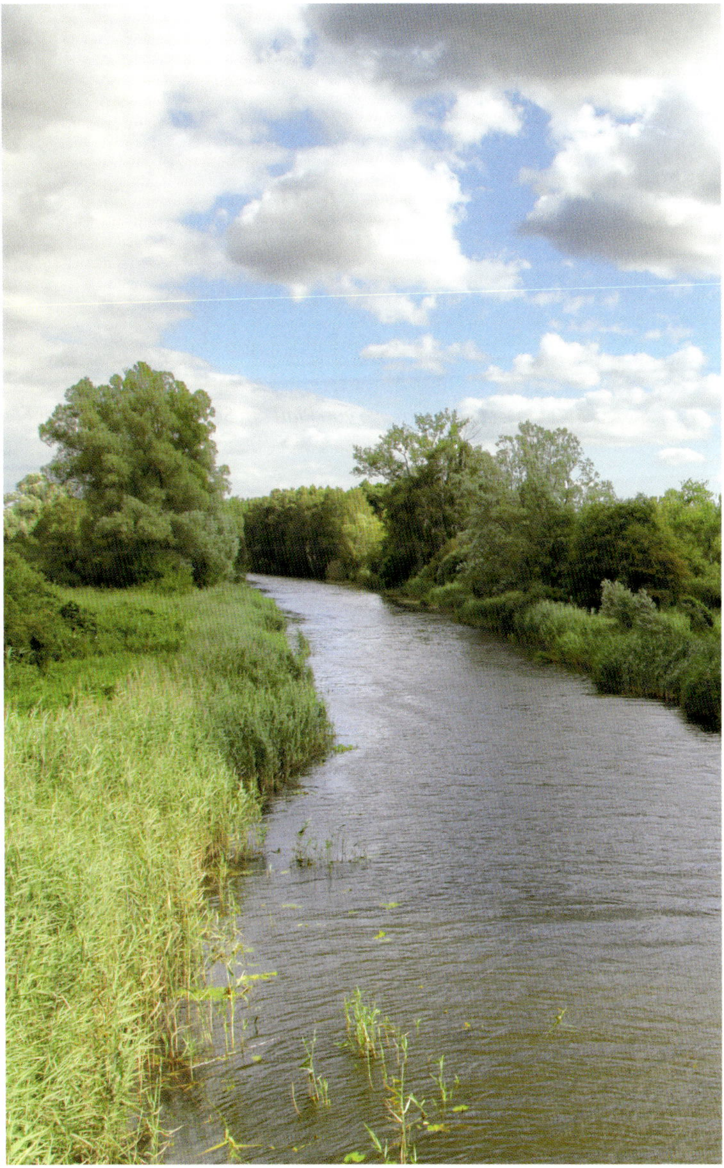

Auch in der Hauptsaison geht es auf der Müritz-Elde ruhig zu.

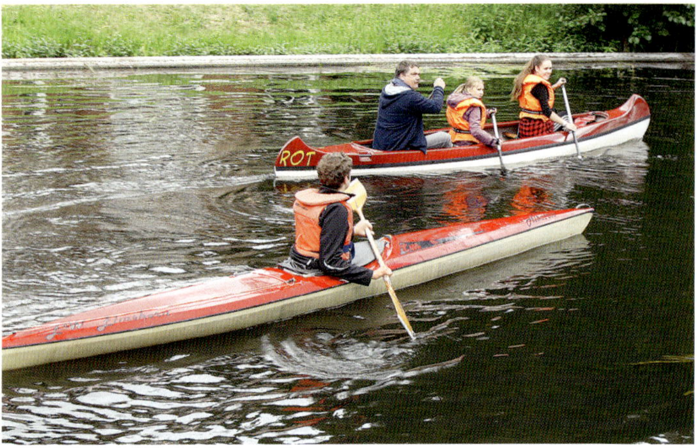

Zwischen Plauer See und Elbe sind sowohl Kajak als auch Kanadier eine gute Wahl.

Das Kanu

Kanu ist der Oberbegriff für alle Boote ohne befestigtes Ruder, also sowohl Kanadier als auch Kajaks. Der **Kanadier** eignet sich insbesondere für Wandertouren und bietet mehreren Personen mit Gepäck Platz. Er wird mit dem Stechpaddel bedient und ist offen.

Das **Kajak** ist bis auf eine kleine Luke geschlossen, wird mit einem Doppelpaddel gefahren und ist meist wendiger als ein Kanadier. Wegen seines windschlüpfrigen Verhaltens ist ein Kajak für das Befahren von größeren Seen und Wanderflüssen besonders geeignet. Der Nachteil liegt darin, dass die Zuladung beschränkt, das Ein- und Aussteigen umständlich und die Sitzposition, anders als beim Kanadier, durch die Bauweise vorgegeben ist. Kajaks gibt es generell für ein oder zwei Personen, während im Kanadier auch eine vierköpfige Familie Platz findet.

Der **Kanadier** besticht durch sein großzügiges Raumangebot und das einfache Beladen, Ein- und Aussteigen; Kinder können sich in ihm freier bewegen. Auch für den, der das Kanu durch ein Stechpaddel antreibt, bieten sich im Sitzen mit angewinkelten oder gestreckten Beinen oder kniend variantenreiche Sitzpositionen, die ein ermüdungsfreieres Paddeln ermöglichen. Die größere Kippstabilität wird vom Anfänger als angenehm empfunden. Sein Nachteil liegt eindeutig bei der größeren Windanfälligkeit, dies kann aber durch eine Persenning vermindert werden.

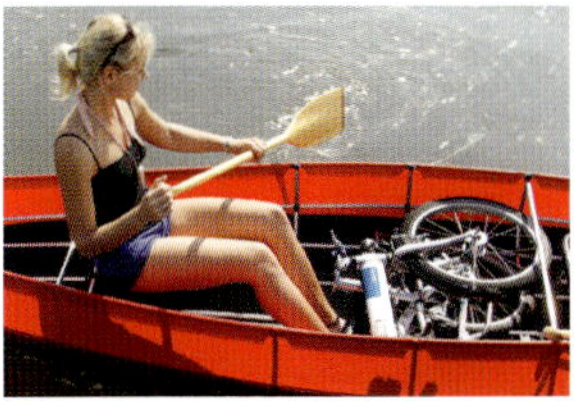

Tipp: Wer mit dem Kanadier unterwegs ist und auch an Land mobil sein möchte (zurück zum Pkw), sollte in Erwägung ziehen, ein Faltrad mitzunehmen. Durch optimierte Falt-Scharniere wird aus dem Fahrrad innerhalb weniger Sekunden ein kleines, handliches Paket.

Zum notwendigen Zubehör gehören:

- **Paddel.** *Doppelpaddel* für das Kajak sollten eine Länge von ca. 220–240 cm haben, während das im Kanadier verwendete *Stechpaddel* beim Stehen bis unters Kinn reichen sollte. Für Kinder darf es ruhig etwas länger sein. Kunststoffpaddel sind zwar pflegeleichter als Holzpaddel, die aber sind vom Material her sympathischer.
- **Tipp:** Paddel- oder einfache Radhandschuhe schützen empfindliche Hände vor Blasen.

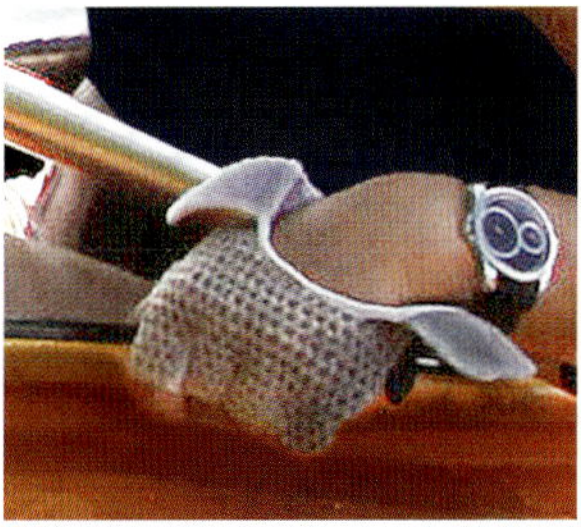

- **Reservepaddel.** Muss in jedem Kanu griffbereit, aber sicher befestigt vorhanden sein. Noch wichtiger ist dies bei Solopaddlern, da sie manövrierunfähig werden, wenn das Paddel über Bord geht.
- **Rettungsweste.** Kein Kind darf ohne ohnmachtssichere Rettungsweste ins Boot. Sie hat einen Kragen, der den Kopf über Wasser hält und so wirklich vor dem Ertrinken schützt.

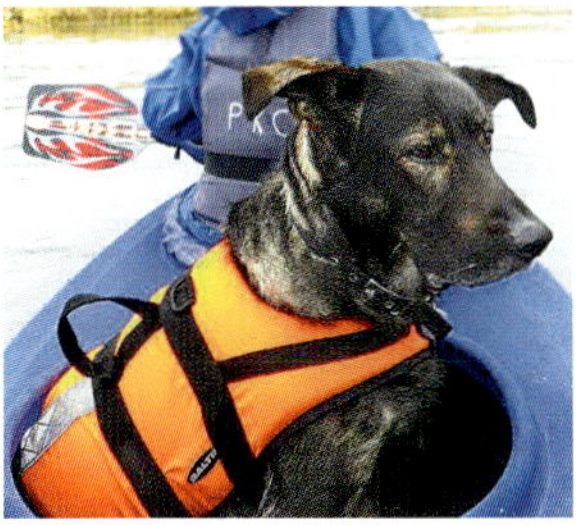

- **Schwimmweste.** Jeder Erwachsene sollte sie tragen (auch als Vorbildfunktion). Wie die Rettungsweste auch, muss sie dem Körpergewicht des Trägers angepasst sein.
- **Wurfsack.** Zum Retten eines Schwimmers vom Ufer aus. Der Nylonbeutel mit einem Auftriebselement und etwa 20 Meter Seil ist immer dabei, egal ob Wildwasser oder Wanderfahrt.
- **Bootswagen.** Ist für längere Landtransporte unverzichtbar. Wer sich einen zulegt, sollte gleich auf gute Verarbeitung achten. Er muss stabil, das Rohrgestell verschweißt statt genietet und zusammenklappbar sein, breite Räder und eine Stütze haben, so dass er auch von nur einer Person beladen werden kann.

- **Praktisches:** *Leinen* zum Festmachen und Halten des Kanus. *Spanngurte* zum Sichern der Säcke und Tonnen. *Schwamm* zum Säubern und „Entwässern" des Kanus sowie ein *Schloss* (z. B. Spiralfahrradschloss) zum Sichern des Kanus am Ufer bei Besichtigungen/festen Unterkünften.

Zu Anfang ist es sinnvoll, sich ein Kanu zu mieten. Daher nennen wir in diesem Buch Kanuvermieter und Tourenveranstalter. Idealerweise ist bei der Auswahl eines Veranstalters darauf zu achten, dass er Mitglied im Bundesverband Kanu e. V. (BVKanu) ist. Die Mitglieder garantieren die nötige Qualität, die Sicherheit und einen Einsatz für den Naturschutz im Kanutourismus.

Die Ausrüstung

Es gibt kein schlechtes Wetter, nur die falsche ***Kleidung***! Für die hier in diesem Buch beschriebenen Touren wird keine teure High-Tech-Kleidung benötigt, aber eine gute ***Regenjacke und -hose*** muss im Gepäck sein. Ansonsten sollte nach dem „Zwiebelprinzip" verfahren werden – mehrere leichte Kleidungsstücke übereinander ziehen. ***Fleecepullis*** mit hervorragender Isolationseigenschaft, geringem Gewicht und der Tatsache, dass sie im nassen Zustand noch wärmen, aber auch schnell trocknen, sind ideal. Eine ***Hose aus einem Synthetik-Baumwollgemisch*** trocknet schnell und ist geeigneter als eine Jeans. ***Schuhe*** müssen nicht schön sein, sondern vor allem fest sitzen. Am besten sind Schnür-, Sport- oder spezielle Paddlerschuhe. Für Ausflüge haben wir immer ***Wanderschuhe*** dabei. Da die Sonneneinstrahlung auf Wasserflächen sehr intensiv ist, dürfen ein ***Sonnenschutz*** und eine ***Sonnenbrille*** nicht fehlen.

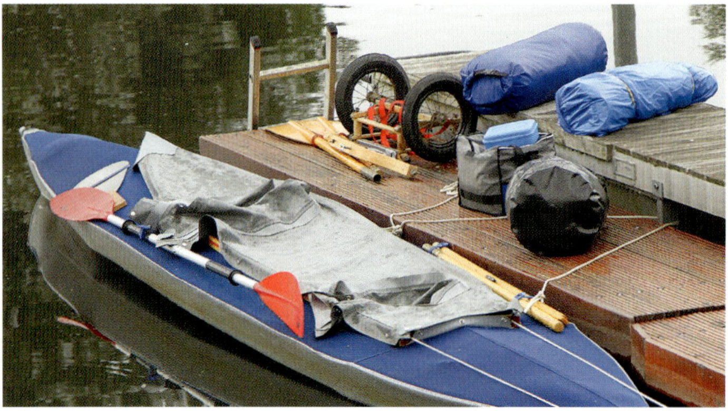

Wer gut gepackt hat, findet seine Siebensachen auch schnell wieder.

Die hier beschriebene Ausrüstung findet Platz in wasserdichten ***Weithals-Tonnen*** mit Schraubdeckel sowie wasserdichten (optimalerweise transparenten) ***Packsäcken***, die durch einen „Roll-/Steckverschluss" wasserdicht verschlossen werden. Mehrere kleine sind idealer als wenige große!
Die meisten Kanuvermieter händigen wasserdichte Tonnen vor Antritt der Fahrt aus. Ist man jedoch mit dem eigenen Kanu unterwegs und scheut zu Anfang die für mehrere Säcke/Tonnen recht hohen Anschaffungskosten, tun es zu Beginn auch stabile Plastik- oder Müllsäcke.
Viele der hier beschriebenen Streckenabschnitte lassen sich so planen, dass mit wenig Gepäck von Gasthof zu Gasthof gepaddelt werden kann, um am Abend warm und trocken beim Abendessen im Schankraum zu sitzen. Ein ***Zelt***, ein ***Schlafsack*** und eine ***Isomatte*** sollten jedoch immer dabei sein. Denn wer weiß schon, ob er sein Tagesziel auch erreicht oder ein Gewitter die Planung über den Haufen wirft.

Will man nicht auf seinen morgendlichen Kaffee oder die Spaghetti am Abend verzichten, muss ein ***Campingkocher*** mit auf Tour.

Folgende Typen sind zu unterscheiden:

- ***Benzinkocher.*** Hat den höchsten Heizwert. Benzin ist überall zu bekommen und billig.
- ***Gaskocher.*** Nicht so hoher Heizwert, sauberes Verbrennen. Teure Kartuschen.
- ***Multifuel-Kocher.*** Guter Heizwert. Ist mit fast jedem Flüssigbrennstoff zu betreiben und sehr leicht.
- ***Petroleumkocher.*** Hoher Heizwert, jedoch Geruchsbelästigung, die, anders als beim Benzin, nicht „verfliegt".
- ***Spirituskocher.*** Leicht und einfach zu handhaben. Relativ geringer Heizwert.

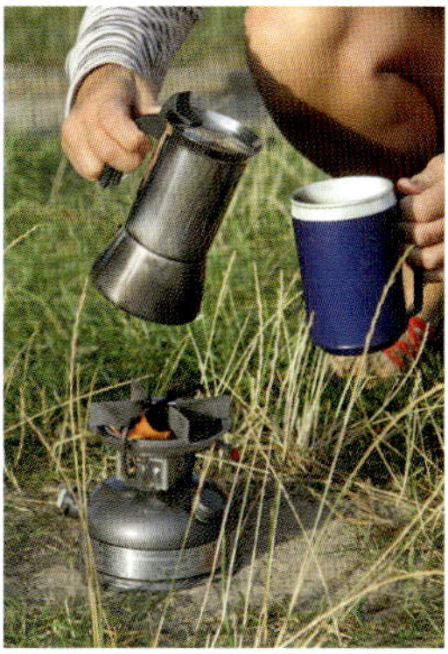

Als ***Küchenausstattung*** empfiehlt sich ein ***Kochset***, bestehend aus drei verschieden großen, ineinander gestellten Kochtöpfen (2 L, 1,5 L, 1 L) und zwei verschieden großen Deckeln, die gleichzeitig als Pfannen dienen. Eine ***Espressokanne*** ist für den morgendlichen Kaffee ideal. Weiterhin tiefe und flache ***Teller***, ***Besteck***, ***Wassersack***, ***Thermoskanne***, ***Thermobecher***, kleines ***Schälmesser***, ***Schneidebrett***, ***Alufolie***, ***Geschirrtuch***, ***Spülmittel*** und eine ***Faltschüssel***.

Weitere nützliche Ausrüstungsgegenstände sind ein Klappspaten, Toilettenpapier, Erste-Hilfe-Set, Waschzeug, Insektenschutz, Taschenmesser, Taschenlampe, Fernglas, Schreibutensilien.

„Kleine Kajak- & Kanadier-Fahrschule"

Schlagrichtung des Paddlers 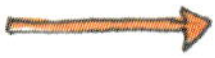 Bewegungsrichtung des Kanus 

Die beschriebenen Paddelschläge können und sollen miteinander kombiniert werden. Zur korrekten Ausführung wird das Paddel im Prinzip nicht durch das Wasser „gezogen", sondern soll annähernd stationär bleiben und das Kanu über das Wasser bewegt werden. Hierbei wird eine optimale Kraftausbeute angestrebt. Bei einem sehr gut ausgeführten Paddelschlag gibt es keine Verwirbelungen und kaum Wellen am Paddelblatt.

Kajak-Fahrschule

Allgemeines

In der Regel sind die beiden Blätter eines Doppelpaddels gegeneinander verdreht. Bei den üblichen rechtsgedrehten Paddeln umfasst die rechte Hand den Schaft so, dass das rechte Paddelblatt senkrecht ins Wasser eingetaucht werden kann. Die linke Hand umfasst den Paddelschaft nur locker und nach jedem Paddelschlag wird das Paddel mit der rechten Hand so gedreht, dass das aktive Blatt senkrecht ins Wasser gesetzt werden kann (bei linksgedrehten Paddeln gelten die Hinweise entsprechend seitenvertauscht). Stellen Sie die Fußstützen des Kajaks so ein, dass Sie bequem sitzen und gleichzeitig einen guten Bootskontakt mit den Oberschenkeln haben. Bei Kajaks mit Fußsteuerung den Abstand der Pedale so wählen, dass Sie mit leicht angewickelten Beinen im Boot sitzen und genügend Spielraum nach vorne haben, um das Pedal durchzutreten und das Steuer bewegen zu können.

Einsteigen

Kanu parallel zum Ufer ausrichten, bei starker Strömung mit dem Bug (=Bootsspitze) gegen die Strömungsrichtung. Zum Einsteigen das Boot mit der sogenannten „Paddelbrücke" stabilisieren: Paddel im rechten Winkel zum Boot über Süllrand (=Bootsrand) und Ufer oder Steg legen; mit einer Hand Süllrand und Paddel fassen und mit der anderen Hand das Paddel aufs Ufer drücken. Zum Einsteigen das Gewicht über das Paddel verlagern und mit dem bootsseitigen Fuß zuerst einsteigen. Anschließend möglichst rasch hinsetzen, d. h. im Kajak gleich auf den Sitz rutschen, um einen tiefen Schwerpunkt zu erzielen und die Stabilität des Kanus zu erhöhen.

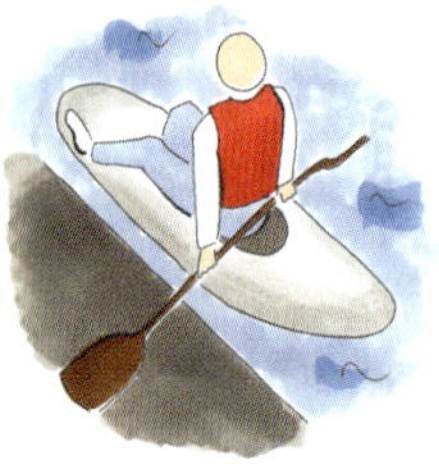

Spritzdecke

Spritzdecke zunächst hinter dem Körper um den Süllrand legen und von hinten nach vorne schließen; abschließend nach vorne über den Süllrand ziehen. Dabei unbedingt darauf achten, dass die Lasche vorne herausguckt, um die Spritzdecke im Falle einer Kenterung leichter öffnen zu können.

Paddelhaltung

Das Paddel in beide Hände nehmen und auf den Kopf legen. Die optimale Griffbreite ist erreicht, wenn der Winkel zwischen Ober- und Unterarm ein wenig kleiner als 90 Grad ist.

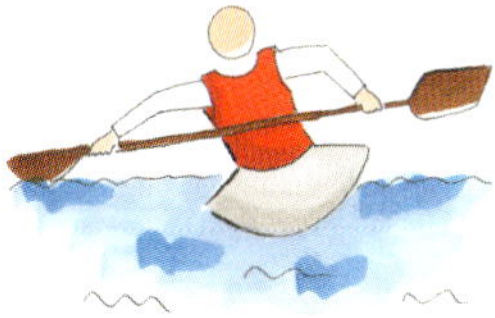

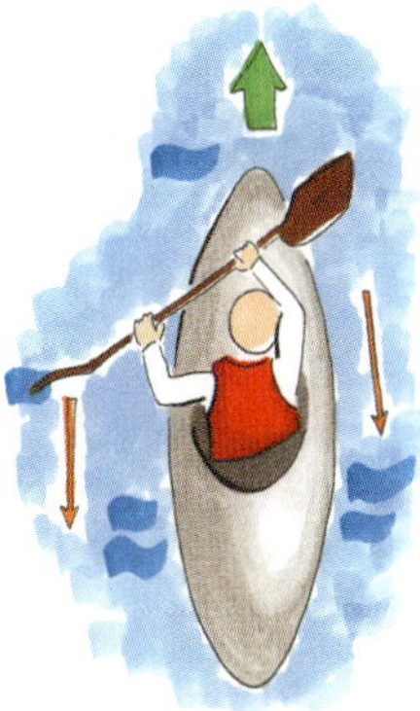

Grund- und Treibschlag

Mit leicht nach vorne gebeugtem Oberkörper Paddel vorne, dicht neben der Bootswand einsetzen. Die „Zughand" zieht das Paddel parallel am Boot entlang nach hinten, während die „Druckhand" das sich in der Luft befindliche Blatt nach vorne drückt. Die Bewegung nicht allein mit den Unterarmen ausführen, sondern zur Unterstützung bei gestrecktem Arm den Oberkörper mitdrehen. Ist das aktive Paddelblatt knapp hinter der Sitzposition, den Zug stoppen und die Seite wechseln.

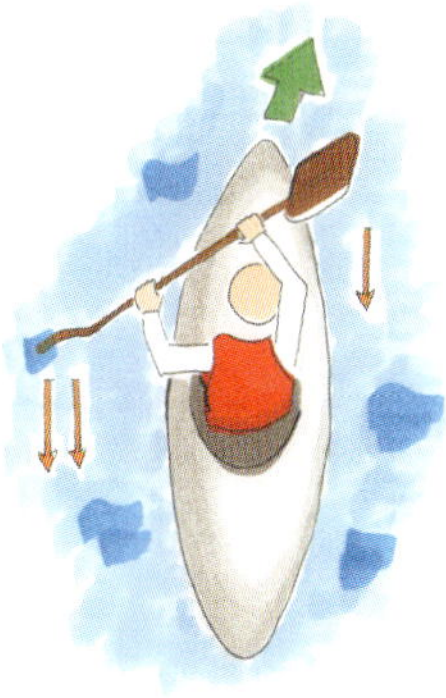

Steuern

Wird der Paddelschlag auf der linken Seite stärker ausgeführt, dreht der Bug nach rechts – und umgekehrt. So können Sie das Boot – ganz ohne die ebenfalls erhältlichen Fußsteueranlagen – auf Kurs halten. Sind starke Kursänderungen erforderlich, erreichen Sie diese mit dem Bogenschlag. Beim Ab- und Anlegen mit Kajaks die über eine Steueranlage verfügen unbedingt daran denken, das Steuer rechtzeitig einzuklappen, um es nicht zu verbiegen.

Ziehschlag

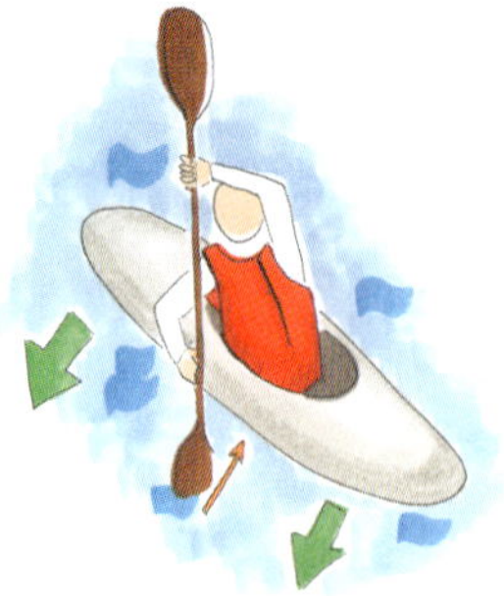

Steuerschlag, um das Boot seitlich zu versetzen; dazu das Paddelblatt möglichst weit entfernt senkrecht zur Längsachse und parallel zum Boot ins Wasser tauchen und nicht zu dicht, an die Bootswand heranziehen und nach oben aus dem Wasser nehmen. Dabei darauf achten, dass das Paddelblatt nicht unter den Bootskörper gezogen wird, da dies zum Kentern führen kann.

Bogenschlag

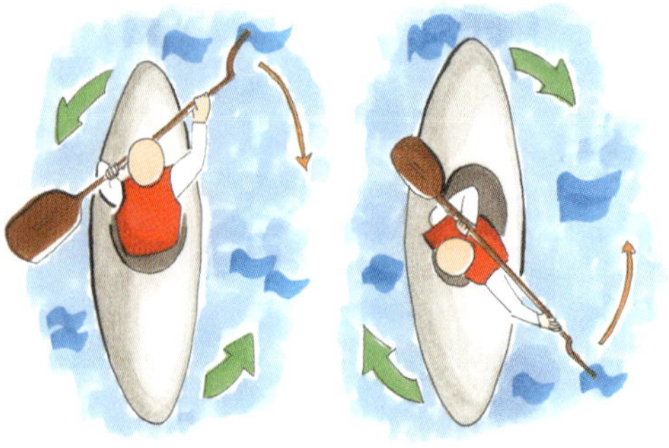

vorwärts *rückwärts*

Steuerschlag, um das Boot zu drehen: vorwärts ausgeführt, dreht er das Boot weg von der Schlagseite. Dazu das Paddel möglichst weit vorne und dicht am Boot eintauchen und das Paddelblatt flach unter der Wasseroberfläche in einem weiten Halbkreis um das Boot bis nahe ans Heck führen. Je größer der Radius, desto stärker die Steuerwirkung. Um das Kanu abzubremsen und gleichzeitig eine Kurskorrektur zur Paddelseite hin durchzuführen, können Sie den Bogenschlag rückwärts ausführen.

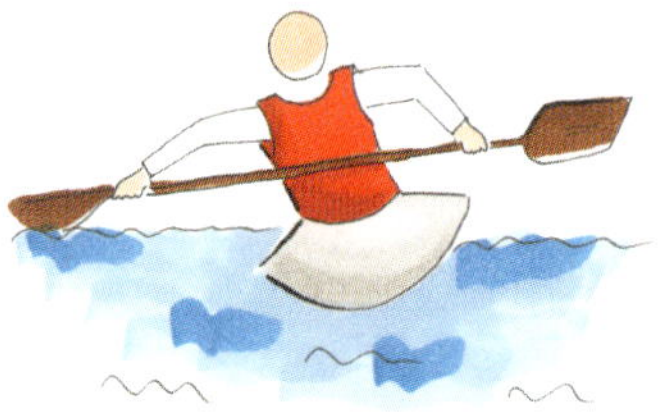

Paddelstütze

Stabilisierungsschlag, bei dem das Paddel als Ausleger genutzt wird, um das Kentern zu verhindern; dazu einfach das Paddel auf der Seite, zu der das Boot zu kippen droht, soweit wie möglich nach außen flach auf das Wasser drücken.

Kanadier-Fahrschule

Allgemeines

Auf dem hinteren Sitz nimmt in der Regel der erfahrenere oder kräftigere Paddler Platz. Er gibt im Flachwasser die grobe Richtung vor, der Vordermann versucht ihn zu unterstützen. Der Vordermann gibt die Schlagzahl vor; achten Sie darauf, einen möglichst gleichmäßigen Schlagrhythmus einzuhalten, um ein „Aus-dem-Ruder-laufen" zu vermeiden. Je nach Ausdauer kann ein gelegentlicher Wechsel der Paddelseiten stattfinden, der von beiden nach Absprache gleichzeitig durchgeführt wird. Der Vordermann hat stets die Aufgabe auf Hindernisse, die direkt vor dem Kanadier auftauchen, aufmerksam zu machen.

Einsteigen

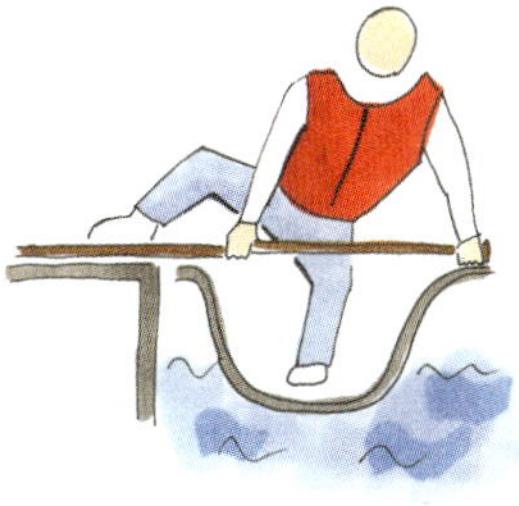

Kanu parallel zum Ufer ausrichten, bei starker Strömung mit dem Bug (= Bootsspitze) gegen die Strömungsrichtung. Zum Einsteigen das Boot mit der sogenannten „Paddelbrücke" stabilisieren: Paddel im rechten Winkel zum Boot über Süllrand (= Bootsrand) und Ufer oder Steg legen; mit einer Hand Süllrand und Paddel fassen und mit der anderen Hand das Paddel aufs Ufer drücken. Zum Einsteigen das Gewicht über das Paddel verlagern und mit dem bootsseitigen Fuß zuerst einsteigen. Anschließend möglichst rasch hinsetzen oder beim Kanadier auch möglich, eventuell hinknien, um einen tiefen Schwerpunkt zu erzielen und die Stabilität des Kanus zu erhöhen.

Aussteigen

Wie Einsteigen, nur in umgekehrter Reihenfolge.

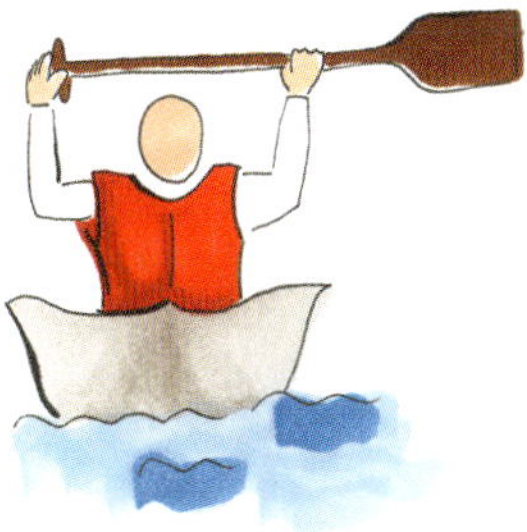

Paddelhaltung

Eine Hand fasst den Paddelknauf, hierbei wird der Griff von oben wie beim Spaten umfasst. Die andere Hand umgreift den Paddelschaft, so dass Ober- und Unterarm einen Winkel von 90 Grad bilden.

Grund- und Treibschlag

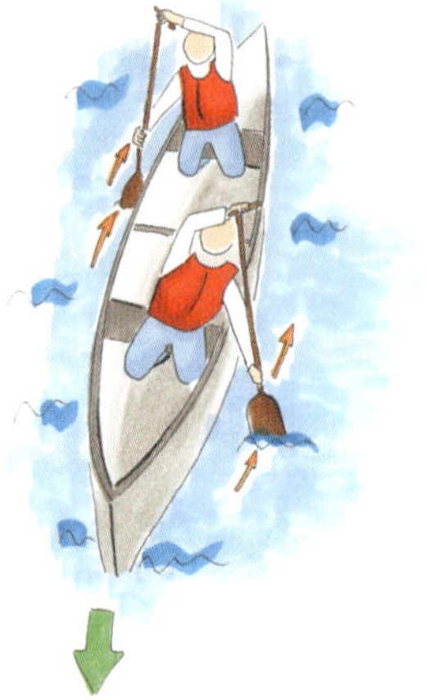

Das ganze Paddelblatt wird senkrecht ins Wasser getaucht und parallel zum Boot (in Bootslängsachse) bis etwa auf Körperhöhe durchs Wasser gezogen. Dabei wird mit dem unteren Arm gezogen, während der obere Arm drückt; gleichzeitig wird der Oberkörper etwas nach vorne geneigt und mitgedreht. Stimmen Vorder- und Hintermann ihren Grundschlag aufeinander ab, bewegt sich der Kanadier kursstabil geradeaus. Paddelt nur einer, bewegt sich das Kanu der paddelabgewandten Seite zu.

Steuern oder J-Schlag (nur Hintermann)

Dabei wird das Paddel zuerst wie beim Grundschlag geführt, am Körper vorbei in einer Bogenbewegung mit der wasserverdrängenden Paddelseite vom Boot weggedrückt. Dabei zeigt der Daumen der Hand am Paddelknauf nach unten und der Handrücken nach außen. Der Vordermann kann weiterhin den Grundschlag ausführen oder die Drehbewegung mit einem Bogenschlag verstärken. Der J-Schlag ist besonders vorteilhaft für Solokanadier, da er das „Aus-dem-Ruder-laufen“ bei der normalen Geradeausfahrt verhindert.

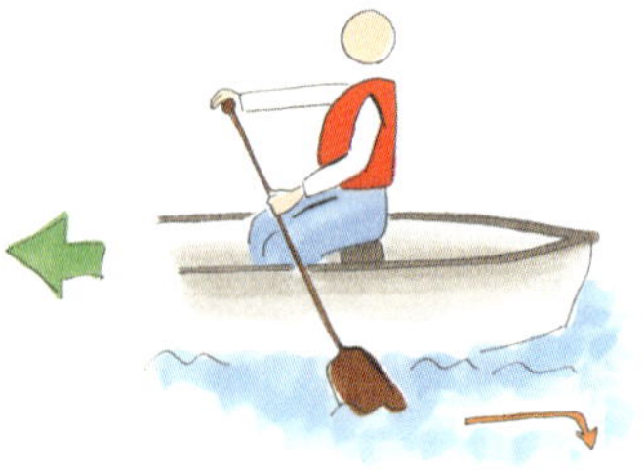

Ziehschlag

Steuerschlag, um das Boot seitlich zu versetzen; dazu das Paddelblatt möglichst weit entfernt senkrecht zur Längsachse und parallel zum Boot ins Wasser tauchen und, nicht zu dicht, an die Bootswand heranziehen und nach oben aus dem Wasser nehmen. Dabei darauf achten, dass das Paddelblatt nicht unter den Bootskörper gezogen wird, da dies zum Kentern führen kann.

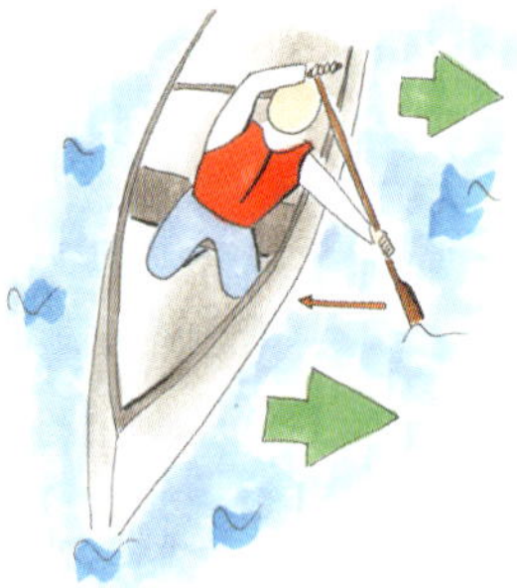

Bogenschlag

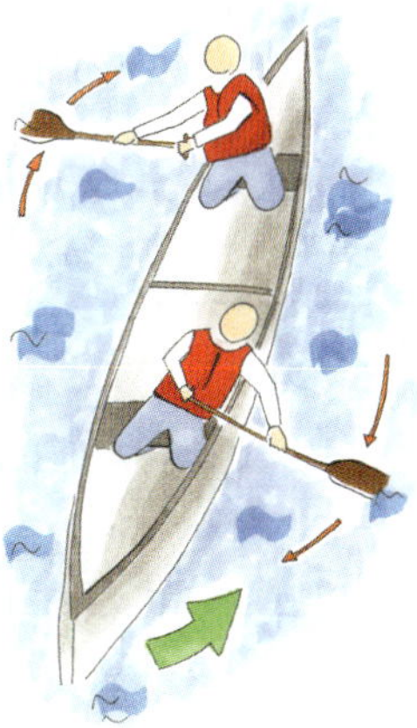

Steuerschlag, um das Boot zu drehen. Um einen Zweierkanadier auf der Stelle zu drehen, führt der Vordermann den Bogenschlag vorwärts und der Hintermann den Bogenschlag rückwärts aus (oder umgekehrt, aber immer gegenläufig). Vorne vorwärts: das Paddel möglichst weit vorne und dicht am Boot eintauchen und das Paddelblatt flach unter der Wasseroberfläche in einem Viertelskreis bis auf Körperhöhe führen. Hinten rückwärts: Beginn nahe am Heck des Bootes und das Paddelblatt von hinten nach vorne im Viertelskreis bis auf Körperhöhe führen. Dies dreht das Boot weg von der Paddelseite des Vordermanns. Zum Drehen zur anderen Seite werden die Schläge genau gegenläufig durchgeführt: vorne rückwärts, hinten vorwärts. Jeweils gilt, je größer der Radius, desto stärker die Steuerwirkung.

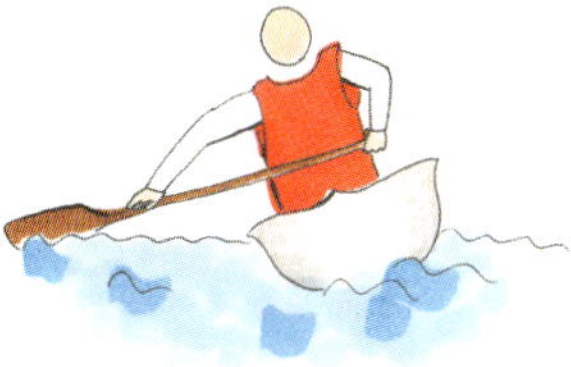

Paddelstütze

Stabilisierungsschlag, bei dem das Paddel als Ausleger genutzt wird, um das Kentern zu verhindern; dazu einfach das Paddel auf der Seite, zu der das Boot zu kippen droht, soweit wie möglich nach außen flach auf das Wasser drücken.

Weiterführende Literatur:

Kanu-Handbuch, *Praxis-Ratgeber,* Verlag Reise Know-How.
Outdoor Basixx „Kanuwandern" & „Solo im Kanu", Conrad Stein Verlag.
Stechpaddel Fahrschule, Thomas Kettler Verlag.

Infos zum für Sie nächstgelegenen Kanukurs bekommen Sie bei:

Bundesverband Kanu e.V., c/o BVWW, Gunther-Plüschow-Str. 8, 50829 Köln, Tel. +49 (0)221 59 57 10, www.bvkanu.de

Deutscher Kanu-Verband e.V., Bertaallee 8, 47055 Duisburg, Tel. +49 (0)203 99 75 90, www.kanu.de

Tipps zum Kanuwandern auf der Müritz-Elde-Wasserstraße

Paddeltouren auf der Müritz-Elde-Wasserstraße sind auf der in Teil 1 beschriebenen Strecke **Plau am See – Dömitz an der Elbe** ungefährlich und auch für Anfänger und Familien geeignet. *Sperrungen Alte Elde s. Seite 22.* Für die unter Teil 2 beschriebene Strecke **Buchholz – Plau am See** sind die in den Karten eingezeichneten, gesperrten Schutzgebiete zu beachten.

Die folgenden Verhaltensregeln sollten immer eingehalten werden:

- In (kleineren) Gruppen paddelt es sich immer sicherer als alleine.
- Das Tragen eine ***Schwimmweste*** sollte selbstverständlich sein.
- ***„Schwimmen können"*** ist obligatorisch.
- ***Kinder*** müssen immer eine ***ohnmachtssichere Rettungsweste*** tragen.
- Um vor unliebsamen Überraschungen sicher zu sein, sind vor der Fahrt detaillierte ***Informationen über den Streckenverlauf*** unerlässlich.
- Das ***Gepäck*** gehört bei Kajaks in den Bootsinnenraum; Deckslasten sollten möglichst vermieden werden. Alles was auf dem Deck mitgenommen wird sollte gut festgezurrt werden, um es bei Kenterung gegen Verlust zu sichern.
- Ob man das ***Gepäck*** in Kanadiern ***festzurrt*** oder nicht, da scheiden sich die Meinungen auch der Experten; manch einer zurrt nur die wichtigsten Dinge *(Tasche mit Geldbörse, Fotoapparat)* fest.
- Das ***Gepäck*** sollte immer ***wasserfest verpackt*** werden, dafür gibt es *(auch je nach genutztem Bootstyp)* die unterschiedlichsten Möglichkeiten, von Tonnen in verschiedenen Größen, Rollsäcken bis hin zu Packtaschen.

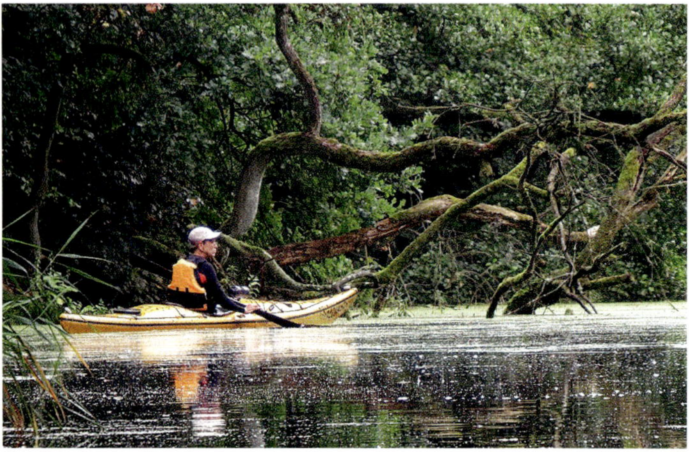

- Die ***Berufsschifffahrt*** *(hier nur Ausflugsdampfer)* hat immer Vorfahrt. Die wichtigsten ***Binnenschifffahrtszeichen*** finden Sie im Buchumschlag.
- Gegenüber ***Motorbooten*** haben zwar Paddler Vorfahrt, aber manche Motorbootfahrer sehen das etwas anders und das Recht des Stärkeren auf ihrer Seite, im Zweifelsfall also eher defensiv verhalten.
- ***Nicht alkoholisiert*** ins Kanu steigen.
- Die Mitnahme von ***Mückenschutz*** ist insbesondere im Bereich der Lewitz sinnvoll.
- Wie bei allen Outdoor-Aktivitäten ist ein ***aufgefrischter Erste-Hilfe-Kurs*** zu empfehlen. Ein kleines ***Erste-Hilfe-Set*** sollte in jedem Fall zur Ausrüstung gehören.

Kennzeichnungspflicht

Ebenso wie die Müritz und die anderen Großseen der Seenplatte gehören auch die Müritz-Elde-Wasserstraße und der Störkanal zur Bundeswasserstraße „Müritz-Elde". Damit gelten die Vorschriften der Binnenschifffahrtsordnung. Kanus sind auf Binnenschifffahrtsstraßen zwar von der Führung eines amtlichen Kennzeichens befreit, müssen aber dennoch gekennzeichnet sein, um Ärger und eine Geldbuße zu vermeiden:

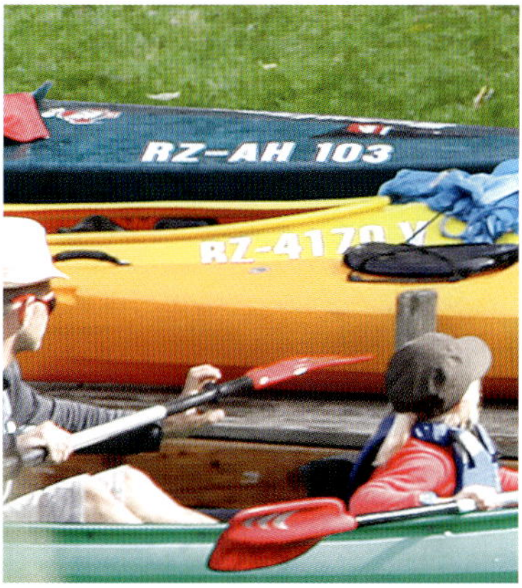

1. ***Bootsname auf beiden Außenseiten*** in gut lesbaren mindestens 10 cm hohen lateinischen Schriftzeichen. Alternativ Name der Organisation/Verein der es angehört oder deren gebräuchliche Abkürzung mit einer Nummer dahinter. Die Schriftzeichen müssen in heller Farbe auf dunklem Grund oder in dunkler Farbe auf hellem Grund angebracht sein.
2. ***Name und Anschrift des Eigentümers*** an gut sichtbarer Stelle innen oder außen.

Weitere Informationen zu den Reglungen auf Schifffahrtstraßen finden Sie in der Broschüre ***„Sicherheit auf dem Wasser. Leitfaden für Wassersportler"***, der unter www.elwis.de kostenlos heruntergeladen werden kann.

Verhalten am und auf dem Wasser

Verboten ist im Bereich der Naturschutzgebiete und des Müritz-Nationalparks *(also Teil 2 der Streckenbeschreibung)* das Befahren einiger Seenabschnitte. Diese sind auf den Karten eindeutig markiert und auf dem Wasser in aller Regel durch Bojen sofort erkennbar. Ebenso ist das Wildzelten verboten; die Vielzahl von Wasserwanderrast- und Campingplätzen entlang der gesamten Strecke machen dies aber auch absolut überflüssig. Die Einhaltung der Regelungen wird durch Ranger der Nationalparkverwaltung überwacht; Überschreitungen der Vorschriften können teuer werden.

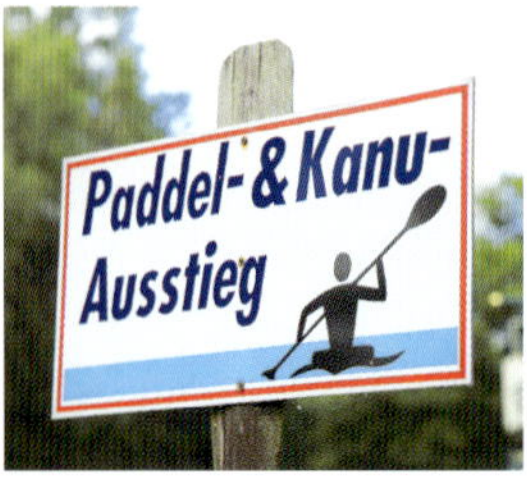

- Starten und beenden Sie eine Tour nur an ***ausgewiesenen Ein- oder Ausstiegsstellen***.
- Wenn Sie die Stege von Wasserwanderrastplätzen, Campingplätzen und ähnlichen nutzen, ***fragen Sie vorher um Erlaubnis***; erfahrungsgemäß ist das so gut wie nie ein Problem.
- ***Private Stege und Grundstücke*** sind tabu; entsprechende Hinweis- oder Verbotsschilder sind zu beachten.
- Für ***Pausen*** sollten nur dafür vorgesehenen Plätze, wie z. B. Wasserwanderrastplätze oder die Stege vor oder nach den Schleusen, genutzt werden.
- ***Schilfgürtel*** und ***Röhrrichtbestände*** sind zu meiden; sie sind Rückzugsräume von Wasservögeln und Jungfischen.
- Die ***Bedienungsanleitungen*** der ***Selbstbedienungsschleusen*** bzw. die Anweisungen der Schleusenwärter sind zu beachten.
- ***Respektieren*** Sie die Fluchtdistanz der ***Tiere***, ein Fernglas ist sehr hilfreich bei der Tierbeobachtung.

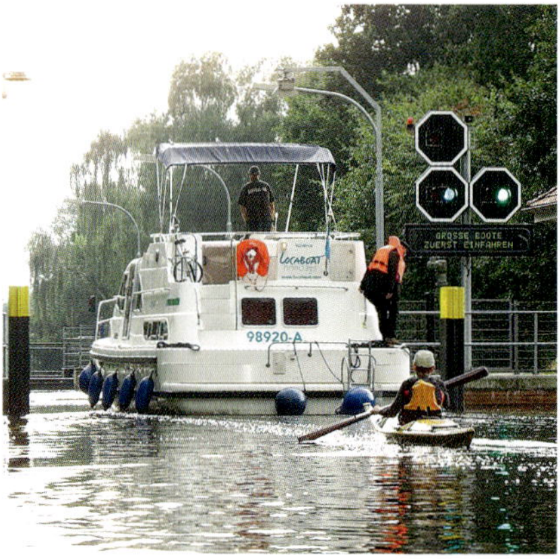

Kanus fahren immer zuletzt in die Schleuse ein.

- ***Grillen*** und ***Lagerfeuer*** sind nur bei niedriger Waldbrandwarnstufe und nur an den dafür freigegebenen Stellen erlaubt.

Blick auf die Region

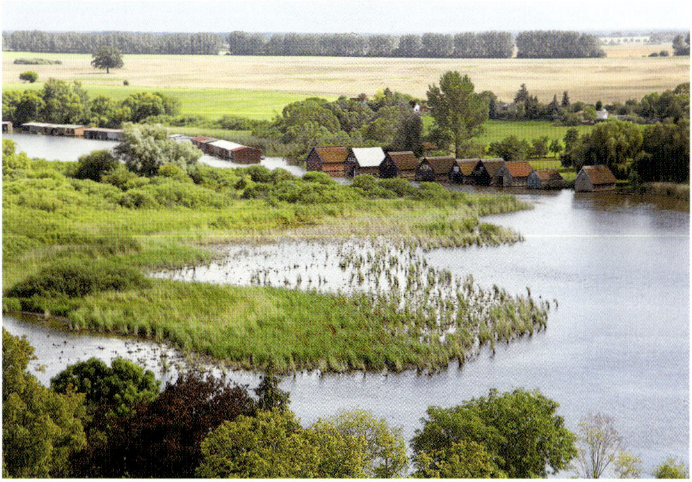

Das Herz des „Blauen Paradieses" schlägt im Bereich der Müritz.

Wasser, Wasser, noch mehr Wasser und viel Gegend drumherum. So oder ähnlich könnte man weite Bereiche von Mecklenburg-Vorpommern charakterisieren und man läge damit gar nicht so falsch. Verantwortlich dafür ist die letzte Eiszeit vor rund 12.000 Jahren, die das Land hunderte von Metern hoch mit Eis bedeckte. Mit dem Rückzug der Gletscher wurde die hügelige Landschaft mit den vielen Seen und Fließgewässern geschaffen. Die Findlinge aus Skandinavien und der sandige Boden sind ebenfalls eine Hinterlassenschaft dieser Eiszeit.
Alles zusammen führte dazu, dass Mecklenburg-Vorpommern heute für Paddler ein wahres Eldorado ist. Mehr für Paddler geeignete Gewässer als hier vorhanden, sind zumindest in Deutschland kaum denkbar. Die kargen Böden und die weitgehend fehlenden Bodenschätze führen wiederrum dazu, dass Mecklenburg-Vorpommern das mit Abstand am dünnsten besiedelte Bundesland ist.
Den angeblichen Spruch von Bismarck *„Wenn die Welt untergeht, so ziehe ich nach Mecklenburg, denn dort geschieht alles 50 Jahre später"* muss man heute auch nicht mehr allzu ernst nehmen; die Gegend ist heutzutage mit Sicherheit nicht mehr so rückständig, wie vielleicht noch vor gut 100 Jahren. Ganz im Gegenteil, nach der Wende wurde viel investiert, so dass auch die Infrastruktur für Touristen und insbesondere für Wasserwanderer als hervorragend bezeichnet werden kann.

Nach dem Ende der Eiszeit siedelten sich schnell die ersten Menschen an, da sich in den dichten Wäldern den jagenden Menschen reichlich Beute bot und in den zahlreichen Gewässern auch Fischfang erfolgversprechend war. Anhand archäologischer Grabungen kann nachgewiesen werden, dass sich vor mehreren tausend Jahren erste bäuerliche Strukturen bildeten, auch erkennbar an zahlreichen Stein- und Hünengräbern. Mit der Völkerwanderung im Frühmittelalter kam erhebliche Bewegung in die Gegend; neben verschiedenen Germanenstämmen siedelten jetzt auch slawische Stämme. Nationale oder politische Strukturen im heutigen Sinne existierten noch nicht, dafür war das Land wahrscheinlich wirtschaftlich zu unbedeutend. Diese bildeten sich erst im 12. Jahrhundert mit dem Ende der slawischen Unabhängigkeit im Zusammenhang mit der Christianisierung und der Eroberung der Gegend durch den sächsischen Herzog Heinrich dem Löwen. Richtig bedeutend wurde das Land trotzdem nicht, zumal es keine territoriale Einheit gab, sondern eine starke Zersplitterung der einzelnen Herrschaften (Mecklenburg-Schwerin, Mecklenburg-Strelitz, die Hansestädte an der Ostsee). Der Dreißigjährige Krieg und die folgende, mehr als 100-jährige schwedische Herrschaft über Teile von Mecklenburg-Vorpommern sowie die diversen Erbfolgestreitigkeiten in den verschiedenen Landesteilen haben sicherlich ebenso ihren Anteil an der damaligen Rückständigkeit des Landes wie der erhebliche Bevölkerungsverlust durch diverse Kriege.

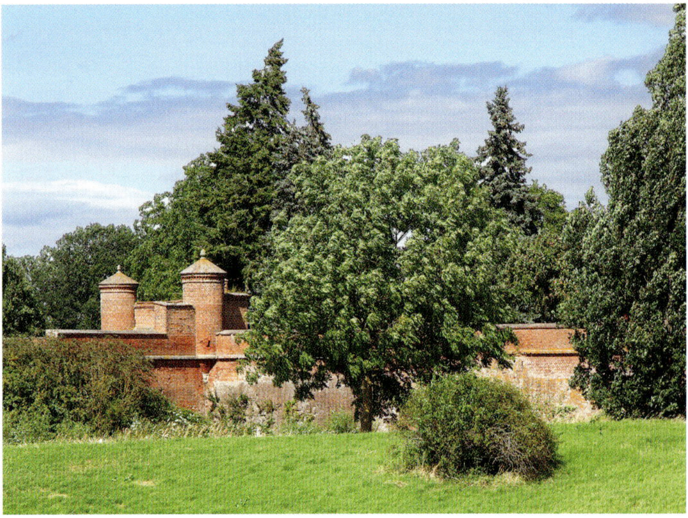

Die Festung Dömitz liegt strategisch günstig an der Elbe.

Die Großseen von Buchholz bis Plau am See

Die ***Mecklenburgische Seenplatte*** mit der Müritz als dem größten deutschen See und eine Vielzahl weiterer großer und kleiner Seen prägt die in Teil 2 dieses Kanuführers beschriebene Paddeltour von Buchholz bis Plau am See. Beeinflusst wird dieser Teil vom ***Müritz-Nationalpark***, als einer der größten deutschen Nationalparks erst 1990 in einer der letzten Amtshandlungen der Deutschen Demokratischen Republik gegründet. Große Teile des Nationalparks unterliegen teils strikten Einschränkungen in der Nutzung. So sind neben den auch anderswo heimischen Kranichen *(Foto rechts)*, Graureihern, Kormoranen, Bibern und vielen anderen Tieren auch die sonst sehr seltenen Fischotter, Schwarzstörche und der Seeadler hier beheimatet. Touristische Zentren der Mecklenburgischen Seen sind die Städte Waren und Plau am See.

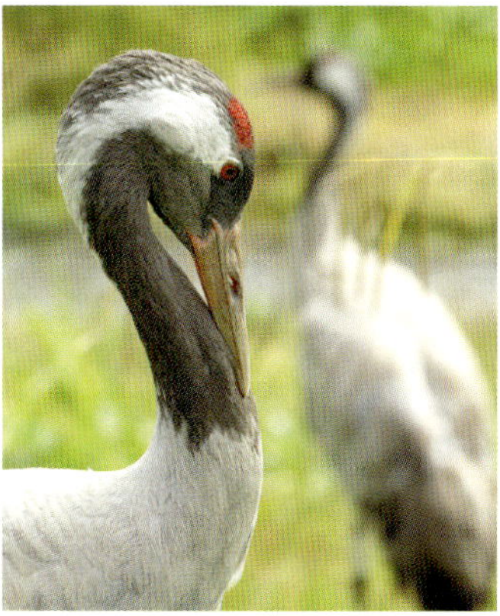

Die Müritz-Elde-Wasserstraße von Plau bis Dömitz

Völlig anders ist die in Teil 1 dieses Kanuführers beschriebene Teilstrecke von Plau am See bis Dömitz an der Elbe. Geprägt wird der Abschnitt von der ***Elde***, mit 208 km der längste Fluss Mecklenburg-Vorpommerns und heute weitgehend ein Bestandteil der ***Müritz-Elde-Wasserstraße***. Ausgebaut mit insgesamt 17 Schleusen zur Überwindung des Höhenunterschieds von 49 Metern. Damit sind 180 km der Elde als Bundeswasserstraße schiffbar. Erste Teilstrecken der Elde wurden bereits in der 2. Hälfte des 16. Jahrhunderts als Kanal ausgebaut, mit einigen aus heutiger Sicht kuriosen Umwegen. Um zu vermeiden, dass man Brandenburger Gebiet berührt, wurde zwischen Eldena und Dömitz ein Umweg in den Mecklenburger Boden gebuddelt, aber dafür landeten auch alle Zolleinnahmen und Nutzungsgebühren in der herzoglich-mecklenburgischen Schatulle. Anfang des 19. Jahrhunderts erfolgte der weitere Ausbau, so dass 1836 die heute vorhandene Streckenführung zur Verfügung stand. Um die Wende vom 19. zum 20. Jahrhundert erfolgte nochmals ein Ausbau insbesondere durch Vergrößerung der Schleusen. Die wirtschaftliche Bedeutung des Kanals erreichte jedoch nie größere Ausmaße. Heute sind fast ausschließlich Motoryachten und Paddler auf der Müritz-Elde-Wasserstraße unterwegs.

Wichtiges zur Tour auf der Müritz-Elde-Wasserstraße

Von Plau am See bis Dömitz an der Elbe

Die rund 120 Kilometer von Plau am See bis Dömitz an der Elbe sind mit allen Bootstypen und auch von Anfängern und Familien problemlos zu befahren, haben aber auch für versierte Paddler ihren Reiz. Der Motorbootverkehr ist überschaubar und an die Geschwindigkeitsbegrenzung von 6 km/h halten sich fast alle. Da die meisten Motorbootfahrer den Rundkurs von Berlin bis Berlin über ***Untere Havel, Elbe, Müritz-Elde-Wasserstraße, Müritz*** und ***Obere Havel*** fahren, kommen sie einem meist entgegen.
Selbst wenn es im Hochsommer auf den traditionellen Revieren in Mecklenburg-Vorpommern einen teils regen Verkehr sowohl durch Motorboote als auch Paddler gibt, hier ist es in aller Regel deutlich beschaulicher.
Es werden keine großen Gewässer überquert, so dass auch der Wind normalerweise kein Problem darstellt. Bei Beachtung der Bedienungsanleitungen stellen die Schleusen keine Gefahr dar. Durch die Vielzahl von Wasserwanderrastplätzen kann die Streckenlänge der Tagestouren weitgehend individuell gewählt werden; unsere Empfehlungen beziehen sich für die 120 km auf insgesamt fünf bzw. acht Tage, die genügend Zeit für Stadtbesichtigungen und sonstige Pausen lassen. Insbesondere bei Touren mit kleineren Kindern sollten die Tagesetappen kurz gehalten werden, so dass man ganz locker in acht Tagen von Plau am See bis Dömitz an der Elbe paddeln kann.

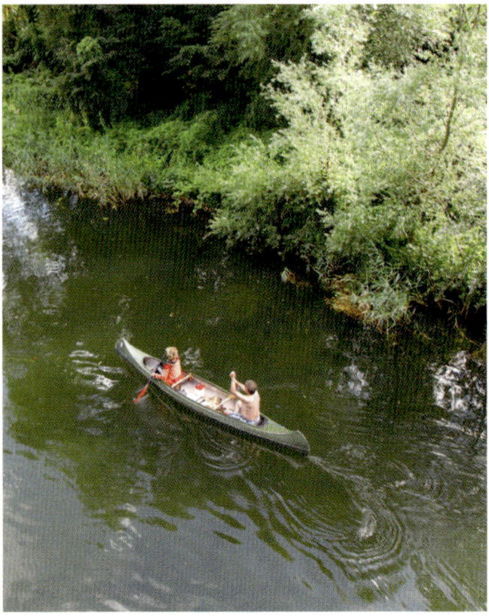

Bitte beachten: Aus *Naturschutzgründen* ist die *Alte Elde* bei **Kuppentin** zwischen ***km 110*** und ***km 106,4*** **gesperrt**.
Aus *Sicherheitsgründen* ist die *Alte Elde* zwischen **Damm** ***km 64,8*** und **Matzlow** ***km 60,5*** vom Wasser-u. Schifffahrtsamt ebenfalls **gesperrt**.
In den übrigen Bereichen kann sie zwar befahren werden, ist aber im Sommer so stark verkrautet, dass eine Befahrung nicht lohnt.

Von Buchholz bis Plau am See

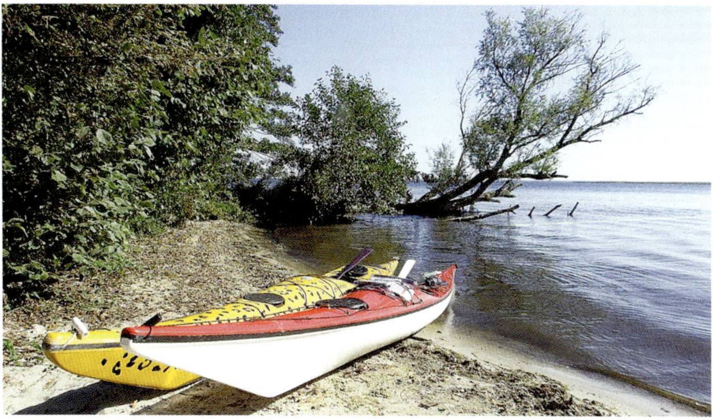

Die ***Großseen der Mecklenburger Seenplatte,*** allen voran die Müritz, sind eher etwas für versierte Paddler. Sehr schnell und unvermittelt aufkommende Winde machen das Paddeln im Zweifelsfall unmöglich oder gefährlich. Geschlossene Boote wie Seekajaks sind da die einzige richtige Wahl. Das muss nicht heißen, dass dieser in Teil 2 beschriebene Abschnitt der Müritz-Elde-Wasserstraße für Anfänger, Familien oder Kanadierfahrer völlig ungeeignet ist. Bei ruhigem Wetter sind z. B. Tagestouren kein Problem. Besonders geeignet sind hierfür der südliche Müritzarm von Buchholz bis Vipperow und der Bereich von Malchow bis zur Einfahrt in den Plauer See. Selbst auf der Müritz und dem Plauer See sind Touren mit dem Kanadier möglich, sofern man sich dicht unter Land hält und das Wetter beobachtet. Für eine durchgehende Befahrung Richtung Norden wählt man bei geeignetem Wetter auf der Müritz das Westufer. Das Nordostufer verläuft auf langen Strecken in der Kernzone des Müritz-Nationalparks, was bedeutet, dass reichlich Abstand zum Ufer eingehalten werden muss und somit keinerlei Anlandemöglichkeiten bestehen.

Übernachtung

Im Buch werden nur Übernachtungsmöglichkeiten direkt am Wasser oder in unmittelbarer Nähe genannt. Die Infrastruktur für Paddler ist hervorragend, es gibt eine Vielzahl von Wasserwanderrast- und Campingplätzen, die kostengünstige Übernachtungen mit dem Zelt ermöglichen. Zusätzlich gibt es für komfortorientierte Paddler auch eine Reihe von Pensionen und Hotels. Detaillierte Angaben zu

den Übernachtungsmöglichkeiten finden sich in den Tourenbeschreibungen der beiden Teilstrecken sowie im Adressteil ab Seite 94.
Für die Marinas, Sportboothäfen und Wasserwanderrastplätze entlang der Strecke wird das Zeichen „Gelbe Welle“ im Rahmen der Ausbildungs- und Qualitätsoffensive „Maritimes Qualitätsmanagement MQM“ als Informationsinstrument eingesetzt. Dieses Symbol steht für Qualität, Sicherheit und Umweltschutz und soll Wassersportlern signalisieren, dass sie willkommen sind und durch zusätzliche Piktogramme informieren, welche Angebote am Standort sonst noch bestehen.

Kilometrierung

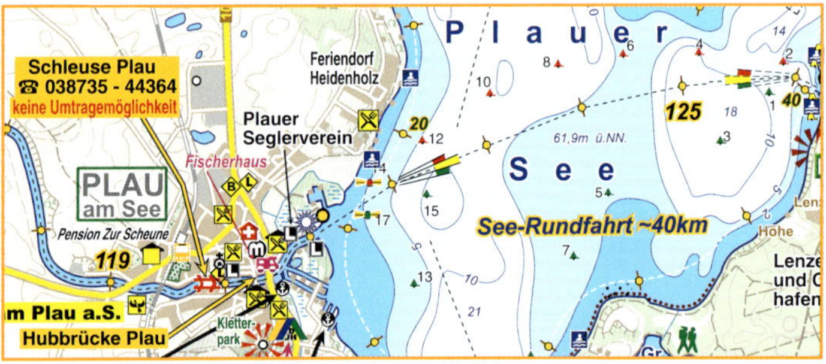

Die Kilometerangaben ***schwarz mit gelber Kontur*** auf den Karten und in den Randspalten beziehen sich auf die ***offizielle Kilometrierung*** der Müritz-Elde-Wasserstraße.
Zusätzlich sind in der Randspalte in Klammern ***(blau mit gelber Kontur)*** jeweils die tatsächlich gepaddelten ***Kilometer des Autoren*** angegeben.
Teil 1 (Plau am See bis Dömitz an der Elbe) startet bei ***km 120,5/(0)*** am *Wasserwanderrastplatz Plau am See*. Durch die nicht von der offiziellen Kilometrierung erfassten „Umwege“ in Parchim und an der Schleuse Malliß ergibt sich eine etwas längere Strecke.
Bei Teil 2 (Buchholz bis Plau am See), gestartet wird bei ***km 180/(0)*** in Buchholz, ergeben sich deutlich größere Abweichungen zwischen der offiziellen Kilometrierung und den tatsächlich gepaddelten Kilometern, da sich Paddler in aller Regel eher relativ dicht unter Land halten werden, die offizielle Kilometrierung aber direkt mittig über die Großseen verläuft.
Die offiziellen Kilometerangaben (***schwarz***) sind nur dort angegeben, wo sie vorhanden sind.
Die See-Rundfahrt bzw. Ufer-Kilometrierung der Großseen auf den Wasserwanderkarten sind ***klein und blau*** dargestellt und können zur Orientierung dienen, sind aber in der Tourenbeschreibung nicht berücksichtigt.

Benutzung der Selbstbedienungsschleusen

Um den Höhenunterschied von immerhin 49 Metern zwischen Plau am See und Dömitz an der Elbe zu überwinden, hat man entlang der Müritz-Elde-Wasserstraße insgesamt 17 Schleusen ⌗ gebaut; der überwiegende Teil davon ist inzwischen auf Selbstbedienung umgestellt. Alle Schleusen sind im Zeitraum vom 25. März bis 30. September jeweils von 9.00 Uhr bis 20.00 Uhr betriebsbereit; außerhalb dieser Zeiten ist damit eine Befahrung der Müritz-Elde-Wasserstraße nicht sinnvoll bzw. unmöglich, da einige Schleusen nicht alternativ umtragen werden können.

Die Nutzung der Selbstbedienungsschleusen ist im positiven Sinne „idiotensicher" und bei Beachtung der Benutzungshinweise vollkommen unproblematisch und ungefährlich:

- ***Ausfahrende Boote*** haben immer ***Vorfahrt***.
- Ein- und ausgefahren wird erst, wenn die ***Ampeln grün*** zeigen. ***Motorboote*** fahren vor den Kanus in die Schleusenkammer ein.
- Wenn bei Ankunft die ***Schleusentore geschlossen*** sind, muss der ***Schleusenvorgang angefordert*** werden; in aller Regel ist dafür rechts vor der Schleuse *(Steuerbord)* eine Anlegestelle mit einem zu betätigenden Hebelsystem. Durch eine Anzeige direkt am Schleusentor wird dann bestätigt, dass die Anforderung angenommen wurde. Alles weitere geschieht automatisch und wird an den Anzeigetafeln angezeigt.
- Die ***Boote nie*** (!!!) in der Schleuse ***festbinden***.
- Wenn man in der Schleuse ist, den weiteren Schleusenvorgang mit dem dortigen ***Hebelsystem starten***.
- ***Während des Schleusenvorgangs*** an den Leitern, senkrechten Streben oder Leinen ***festhalten***.
- Immer einen gewissen ***Abstand von den Schleusentoren*** halten.
- Wie beim An- und Ablegen an Stegen darauf achten, sich ***nicht die Finger zwischen Boot und Schleusenwand*** einzuklemmen; insbesondere bei Kindern darauf achten.

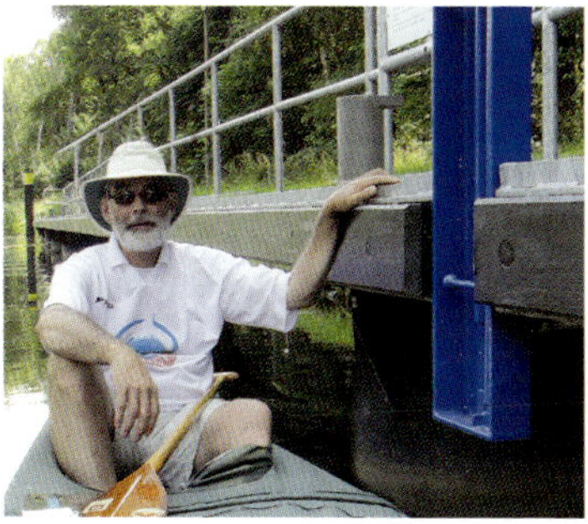

Hebelsystem zum Schleusen.

- Für den (unwahrscheinlichen) Fall der Fälle, einer ***Kenterung in der Schleuse***, kann der Schleusenvorgang jederzeit mit Hilfe des ***roten Hebelsystems abgebrochen*** werden. Die Schleusen sind alle videoüberwacht, so dass sichergestellt ist, dass dann Hilfe kommt bzw. über die vorhandenen Lautsprecheranlagen hilfreiche Anweisungen kommen.

Teil 1 – Von Plau am See bis Dömitz an der Elbe

Aktivitäten	Natur	Kultur	Baden	Hindernisse
★★	★★★	★★	★	★★

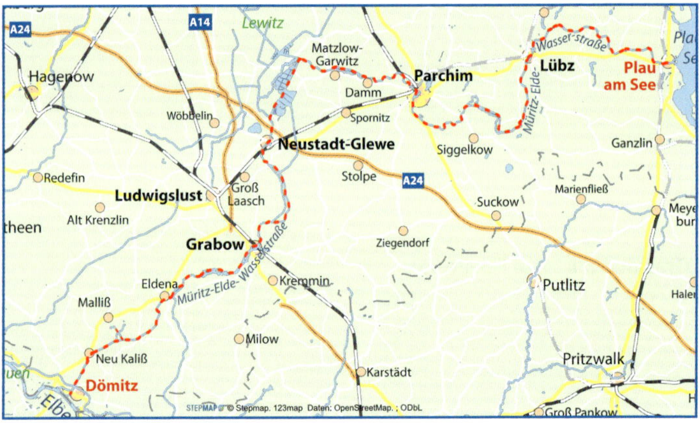

Charakter der Tour

Mit einer guten Infrastruktur für Wasserwanderer und so gut wie keiner Strömung ist die Müritz-Elde-Wasserstraße in beide Richtungen befahrbar und somit absolut familientauglich. Eine bunte Mischung aus kleinen Städtchen und Dörfern lädt ein, malerische Winkel, stolze und bescheidene Kirchen und gemütliche Gasthäuser zu entdecken. Auf den teils sehr naturbelassenen Gewässerabschnitten trifft man auf Eisvögel und Graureiher und viele andere Tiere – sogar Biber und Fischotter sind hier heimisch. Obwohl Bundeswasserstraße, ist in aller Regel wenig Verkehr auf dem Wasser. Für Paddler in jedem Fall eine lohnende Mehrtagestour.

Sehenswürdigkeiten (in der Reihenfolge des Tourenverlaufs)

Plau am See: siehe „Blick auf" (Seite 31).

Barkow: *Dorfkirche* (14. Jh.) mit neugotischem Altarbild und Schnitzfiguren.

Kuppentin: Eine der *ältesten Dorfkirchen Mecklenburgs* (1235), *Museum* für mecklenburgische Dorfgeschichte.

Lübz: siehe „Blick auf" (Seite 39).

Gischow: *Fachwerkkirche* (1715, *Foto rechts*) mit gotischem Triptychon, barocker Kanzel.

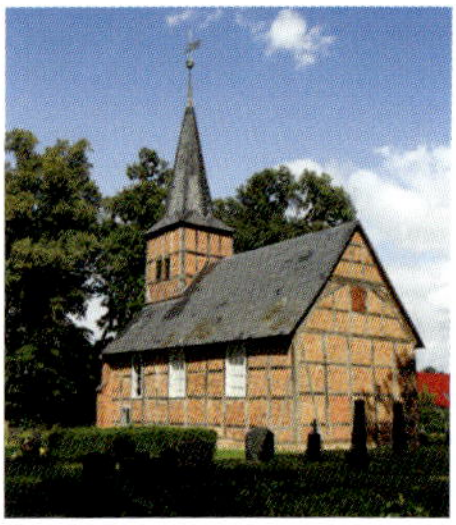

Burow: Neugotische *Backsteinkirche* mit Holzturm.
Slate: *Dorfkirche* mit gotischer *Backsteinhalle* aus dem 14. Jh.
Parchim: „Blick auf“ (S. 46).
Damm: Gotische *Feldsteindorfkirche* (14. Jh.).
Garwitz: Gotische *Back- und Feldsteinkirche* (14. Jh.) mit freistehendem *Glockenstuhl.*
Matzlow: *Fachwerkkirche* (1789) mit interessanten Schnitzarbeiten *(Foto rechts)*.
Neustadt-Glewe: siehe „Blick auf“ (Seite 52).
Grabow: „Blick auf“ (Seite 55).

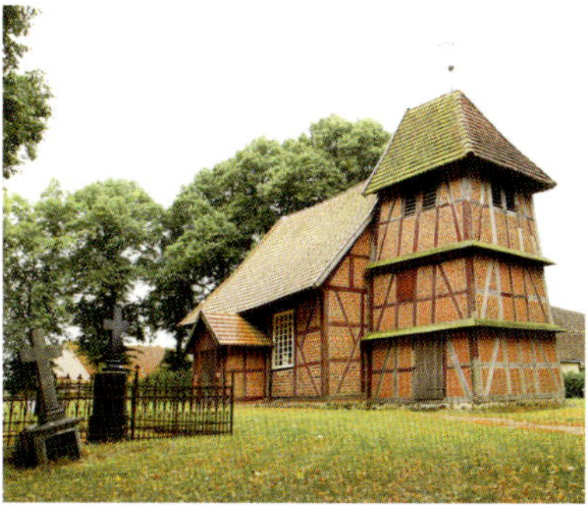

Eldena: Neogotische *Johanneskirche* (1835-39).
Neu Kaliß: *„Bausch-Park“* (1871) – englischer Landschaftspark mit Teichen und dendrologischen Raritäten, *Backsteinkirche* im Art Déco-Stil.
Dömitz: siehe „Blick auf“ (Seite 63).

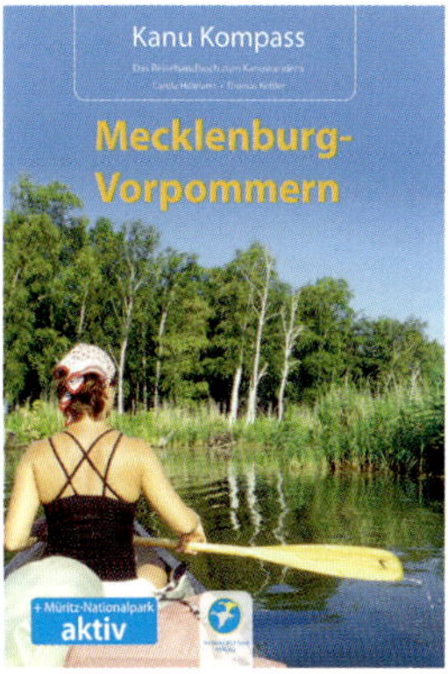

Sonstige Aktivitäten

Paddeln

1. Von **Parchim** über die ***Müritz-Elde-Wasserstraße*** und ***Störkanal*** zum ***Schweriner See***.
2. Von **Barnin** über die ***Obere Warnow*** bis nach **Sternberg** und von dort weiter über die ***Warnow*** bis nach **Rostock**.
3. Auf der ***Mildenitz*** von Goldberg nach **Sternberg**.
4. Von **Dömitz** auf der ***Elbe*** nach Lauenburg oder Hamburg.

Wandern

1. Südlich von **Plau am See** rund um das ***NSG Plauer Stadtwald***, über den Holzsteg durch das ***Hofstätter Moor*** (***Burgsee***: rund 30 Libellenarten) und entlang der idyllischen ***Seeluster Bucht*** (10 km).
2. Von Westeuropas größtem ***Bärenschutzzentrum*** bei **Bad Stuer** ins ***Tal der Eisvögel*** und zurück (15 km).
3. Durchs Landschaftsschutzgebiet ***Wockertal*** und ***Darzer Moor*** *(nördl. von Parchim)* mit seiner seltenen Tier- und Planzenwelt.
4. Spaziergang (ca. 1 Std.) durchs ***Slater Moor*** *(südlich von Parchim)*.

5. Naturkundliche Führungen in den *Elbtalauen* *(bei Dömitz).*
6. **Klein-Schmölen** *(bei Dömitz)* größte *Binnenwanderdüne* Europas mit Dünenlehrpfad.

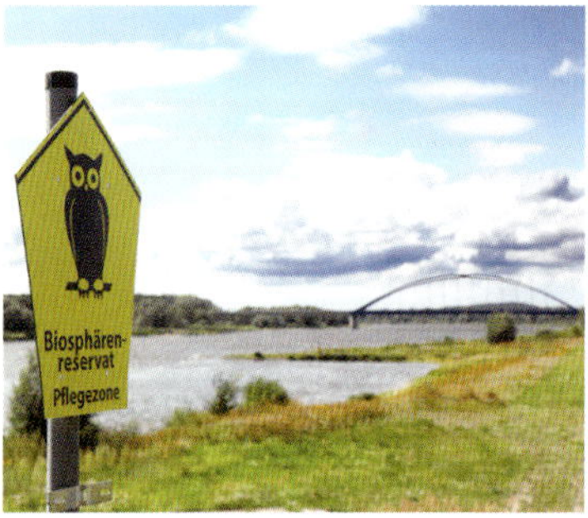

Elbtalauen bei Dömitz.

Radfahren

1. Von Plau in den *Naturpark Nossentiner-Schwinzer-Heide*. Dieser ist über ein Netz von Rad-, Wander- & Reitwegen erschlossen. Auf Rundwegen und Lehrpfaden gibts vielfältige Infos zur Entstehung und Nutzung dieser Kulturlandschaft.
2. Auf der ***Lehm- & Backsteinstraße*** (Plau – Lübz – Ganzlin – Plau, 48 km).
3. ***Radtour*** über die Nordspitze des Sees zurück nach Plau (ca. 32 km).
4. Von Parchim ins *Landschaftsschutzgebiet Buchholz*, den ***Treptower See***, die ***Burg Marnitz***, die ***Ruhner Berge*** mit dem Friedrich-Franz-Gedenkstein und den ***Sonnenberg*** und zurück (Parchim – Moosterniederung – Marnitz – Ruhner Berge – Slate – Parchim, 52 km).

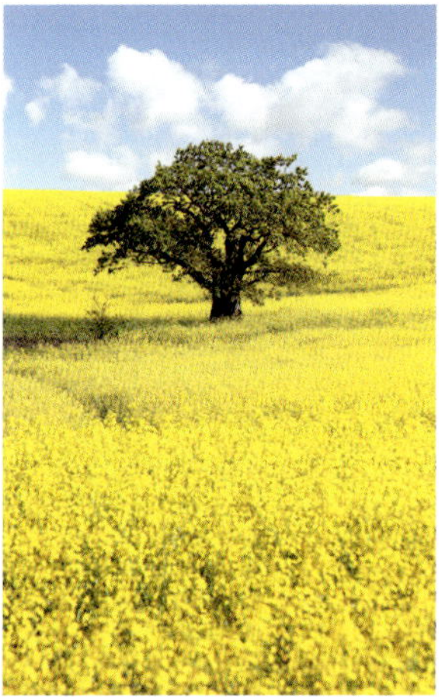

5. Von Parchim zu Guts- und Herrenhäusern, Großsteingräbern, ins *Landschaftsschutzgebiet Wockertal* mit der ***Markower Mühle***, dem agrarhistorischen ***Museum „Pingelhof"*** in Alt Damerow und ins schöne ***Waldgebiet Sonnenberg*** mit der ***Vietingshöhle*** (Parchim – Goldenbow – Severin – Alt Damerow – Kiekindemark – Sonnenberg – Parchim, ca. 50 km).
6. Von Neustadt-Glewe nach ***Ludwigslust*** und zurück (20 km) mit Besichtigung des barocken Ensembles aus Schloss und Landschaftsgarten.
7. Von Neustadt-Glewe auf dem ***„Lewitz-Radrundweg"*** (95 km) über Banzkow – Crivitz – Matzlow-Garwitz – und zurück.
8. Von Neustadt-Glewe durch die *Lewitz* entlang der ***Fischteiche*** zum ***Jagdschloss*** **Friedrichsmoor** *(Hotel-Restaurant, gute Wildküche)* und zurück (24 km). An jedem 1. Sonntag im September informiert das traditionelle Holzfest mit Wissenswertem zu Wald, Holz und Jagd. Alternativer Startpunkt in die ***Lewitz*** ist Matzlow-Garwitz.

Angeln

Angler benötigen, wie überall in Deutschland, den gültigen Fischereischein, bzw. einen Touristenfischereischein sowie eine Angelerlaubnis des jeweiligen Fischereirechteinhabers (Gewässerschein). Informationen dazu gibt es an den Wasserwanderrastplätzen, Campingplätzen und Tourist-Infos entlang der Strecke sowie unter www.angeln-in-mv.de

Literatur – und Kartenhinweise

Reiseführer Mecklenburg-Vorpommern, Michael Müller Verlag.
Müritz: Kölpinsee – Fleesensee – Plauer See, *D. Kummer*, via reise.
Die Lewitz und Umgebung: Mit Wander-, Rad- und Kanutouren sowie Stadtinfos zu Schwerin, Parchim, Ludwigslust, Neustadt-Glewe und Crivitz, *R.Ottmann,* Adebor Verlag.
KANU KOMPAKT Mecklenburgische Kleinseen 1 & 2, *T. Kettler, C. Hillmann*, Thomas Kettler Verlag.

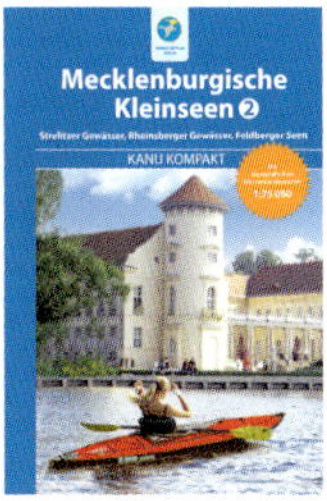

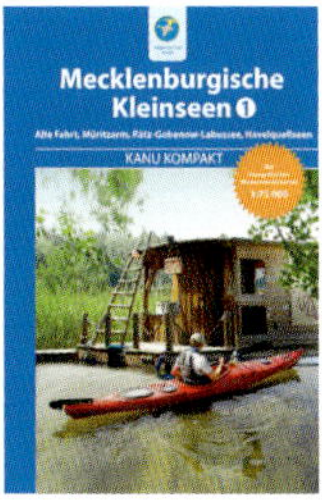

KANU KOMPASS Mecklenburg-Vorpommern, *T. Kettler, C. Hillmann*, Thomas Kettler Verlag.
Gewässeratlas Tourenatlas TA 6 Mecklenburg-Vorpommern, Jübermann Verlag.
Mit Butler und Bootsmann: ***Ein Bootstörn anno 1890 von Friesland über die mecklenburgischen Seen bis nach Böhmen,*** *Henry Montagu Doughty,* Quick Maritim Medien.
Ut mine Festungstid von Fritz Reuter, Renovamen Verlag, ***der Schriftsteller Ernst Reuter war von 1838 bis 1840 in der Festung Dömitz inhaftiert und beschreibt hier u.a. diese Zeit.***
Das Griese Gegend Kochbuch: ***Zwischen Klump und Boddermelksäten,*** *Sylvia Mohn*, Edition Limosa.
Fische lügen nicht ***(Müritz-Krimi),*** *W. S. Dietrich,* Prolibris Verlag.

Etappenvorschläge

für sportliche Paddler

1. Tag: Plau am See – Lübz (22 km).
2. Tag: Lübz – Parchim (26,7 km).
3. Tag: Parchim – Neustadt-Glewe (27,2 km).
4. Tag: Neustadt-Glewe – Eldena (28,2 km).
5. Tag: Eldena – Dömitz (18,7 km).

für Genusspadddler oder Familien

1. Tag: Plau am See – Kuppentin (11,7 km).
2. Tag: Kuppentin – Burow (17,8 km).
3. Tag: Burow – Parchim (19,2 km).
4. Tag: Parchim – Matzlow-Garwitz (12,7 km).
5. Tag: Matzlow-Garwitz – Neustadt-Glewe (14,5 km).
6. Tag: Neustadt-Glewe – Eldekrug / Fresenbrügge (18,3 km).
7. Tag: Eldekrug / Fresenbrügge – Campingplatz Wiesengrund (18 km).
8. Tag: Campingplatz Wiesengrund – Dömitz (10 km).

Adressen

Alle Adressen zu Übernachtung, Kanu- & Fahrradvermietern, usw. sind im Adressteil ab Seite 94 in alphabetischer Reihenfolge der Orte aufgeführt.

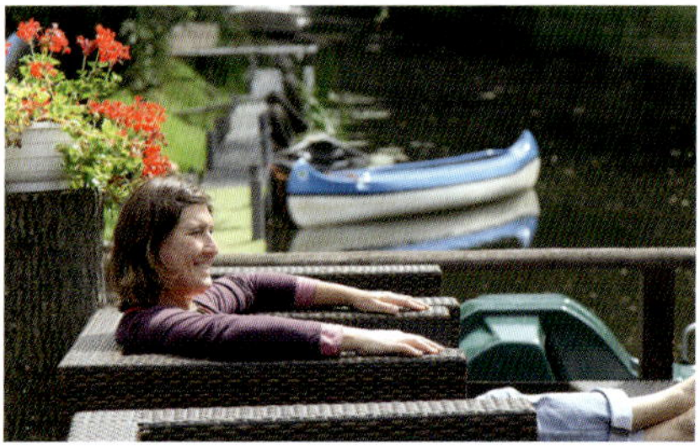

Anreise mit dem Auto

Über die Autobahn A 19 (Richtung Rostock) bis zur Ausfahrt 18 (Röbel / Müritz), dort weiter auf der B 198 und der B 103 bis Plau am See.

Anreise mit der Bahn

Aus Berlin mit der Bahn über Waren nach Malchow, weiter mit dem Bus 77 *(Bahnersatzverkehr)* nach Plau am See. Von Hamburg mit der Bahn nach Parchim, dort mit dem Bus 77 nach Plau. *(Info: www.vlp-lup.de)*

Einsetzstelle

Start der Tour am Wasserwanderrastplatz der Stadtmarina **Plau am See** (*Navi: Dammstraße 25*). Parkmöglichkeiten in den Straßen der näheren Umgebung.

Aussetzstelle

Wasserwanderzentrum in **Dömitz** (*Navi: An der Schleuse*). Einfahrt rechts, kurz vor der letzten Schleuse der Müritz-Elde-Wasserstraße zur Elbe.

Zurück zum Pkw

Von Dömitz mit dem Bus nach Ludwigslust. Dort weiter mit der Bahn nach Parchim und von dort mit dem Bus nach Plau am See. Fahrzeit ca. 3-4 Stunden, 2 x umsteigen. *(Info: www.bahn.de)*

Länge und Dauer der Tour

122,8 Kilometer, zwischen fünf Tagen (sportliche Tour) und acht Tagen (gemütliche Tour).

Bootswagen

Ein Bootswagen ist zwar nicht zwingend erforderlich, aber durchaus sinnvoll, da manchmal die besten Zeltstellplätze ein paar Meter vom Wasser weg liegen.

Blick auf Plau am See

Vor dem Start der Paddeltour lohnt es sich, das sehenswerte Fachwerkstädtchen Plau am See zu besichtigen. Der **Burgturm** *aus dem 13. Jahrhundert ist der Rest der einst imposanten Burg, 1449 errichtet, um den Raubzügen Brandenburger Ritter Einhalt zu gebieten und in Zeiten des Dreißigjährigen Krieges Schutz vor Belagerung und Einnahme durch die Schweden und Sachsen zu bieten. Heute beherbergt sie das* **Bildhauermuseum** *Prof. Wandschneider und ein kleines Museum, in dessen Mittelpunkt Dr. Ernst Alban steht, dem in Plau wirkenden Erfinder der Hochdruckdampfmaschine und dem von ihm gebauten Schaufelraddampfer. Der Turm mit der Turmuhr aus dem Jahre 1581 und dem 11 Meter tiefen Verlies bietet ein sehenswertes Erlebnis.*

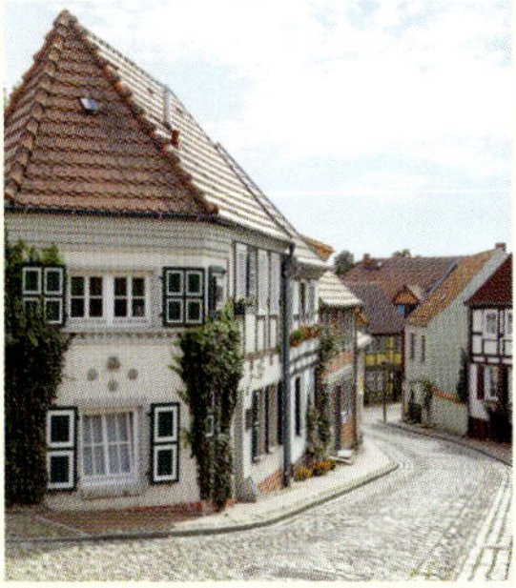

Das **Rathaus** *ist im Stil der niederländischen Neorenaissance erbaut, die* **Marienkirche** *direkt am Markt ist eine für diese Gegend typische Hallenkirche aus Backstein und stammt in ihren Grundzügen ebenfalls aus dem 13. Jahrhundert. Rings um den* **Markt** *und in den angrenzenden Straßen stehen eine Vielzahl historischer* **Fachwerkbauten**, *von denen die meisten in den letzten Jahren umfassend saniert wurden.*

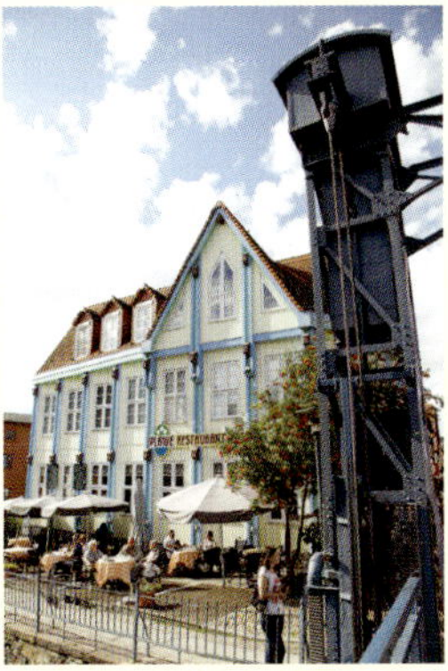

Südlich des Marktplatzes findet sich als technisches Denkmal die 1916 unter Ausnutzung der Arbeitskraft von Kriegsgefangenen errichtete hellblaue eiserne **Hubbrücke**. *Sehenswert ist ebenfalls die direkt vor der Schleuse befindliche hölzerne* **Fußgängerbrücke**, *wegen ihrer steilen Stufen auch* **„Hühnerleiter"** *genannt.*

Der Name Plau geht auf das slawische Wort Plawe zurück, was soviel wie Flößerort bedeutet. Urkundlich erwähnt wurde Plau 1235, dürfte aber als Siedlungsort um einiges älter sein. Entstanden ist die Siedlung wohl wegen einer Furt durch die Elde. Im 13. Jahrhundert nahm der Ort einen deutlichen Aufschwung, bedingt auch durch den Bau einer ersten Brücke über die Elde.

Um die Gegend rund um den Plauer See mit den zahlreichen Sehenswürdigkeiten zu erkunden empfiehlt sich ein 24-Stunden-Ticket für den alle zwei Stunden verkehrenden Rundbus (Fahrradmitnahme möglich). Highlights sind alljährlich Mitte Juli die Badewannenrallye und Ende September/ Anfang Oktober die Müritz-Fischtage.

Tourist-Info Plau am See

Marktstr. 20, 19395 Plau am See, Tel. (038735) 456 78, www.plau-am-see.de

Von Plau am See nach Dömitz

km 120,5 (0)
(300 m)
(200 m)

Wasserwander-rastplatz Plau
(038735) 450 50
0173-435 00 78

Start der Tour ist der *Wasserwanderrastplatz* **Plau am See** mit der Möglichkeit, die erste Nacht hier im eigenen Zelt zu verbringen. An den Stegen kann man auf Nachfrage in aller Ruhe sein Boot zu Wasser lassen und das Gepäck verstauen, verlässt dann nach wenigen Paddelschlägen den Yachthafen und fährt links unter der Straßenbrücke hindurch auf die ***Müritz-Elde-Wasserstraße***. Gleich rechts passiert man dort den *Fischerhof* der *Müritzfischer*. Die rustikale Fischerei offeriert Aal, Barsch, Hecht oder Zander aus dem Plauer See, frisch oder geräuchert.

km 120,3 (0,2)

Hotel-Restaurant Fackelgarten
(038735) 85 30

Direkt gegenüber der Müritzfischer besteht am flachen Holzsteg des *Hotel-Restaurants Fackelgarten* die Möglichkeit anzulegen, um vom Biergarten aus das Treiben auf und unter der historischen blauen Hubbrücke zu beobachten. *Mit einer Hubhöhe von bis zu 1,86 m ist die 1916 an Stelle einer dort vorher befindlichen hölzernen Zugbrücke erbaute Stahlbrücke die höchste Hubbrücke Mecklenburgs.* Dahinter ist die am rechten Ufer entlangführende Strandstraße eine beliebte „Flaniermeile", an der „Zeislers Esszimmer" eine leckere und kreative Küche mit Blick auf die ***Elde*** bietet.

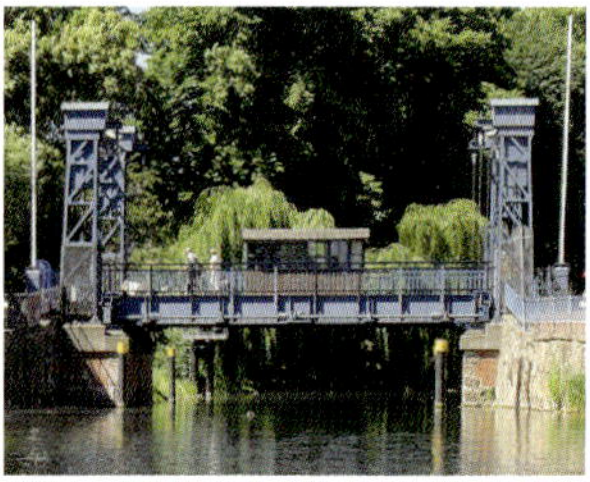

km 120 (0,5)

Schleuse
mit Bedienung (Apr–Sep 7–20), keine Umtragemöglichkeit!

Trotz des nur geringen Hubs von 1,33 m ist die *Schleuse Plau am See* als eine der letzten an der Müritz-Elde-Wasserstraße noch mit Bedienung. Es gibt keine Umtragemöglichkeit, es müssen also evtl. Wartezeiten einkalkuliert werden.
Direkt vor der Schleuse befindet sich die Fußgängerbrücke „Hühnerleiter", von der aus bei schönem Wetter viele Touristen den Schleusenvorgang beobachten. Es bestehen Anlegemöglichkeiten, so dass man auch von hier aus eine Stadtbesichtigung starten kann.

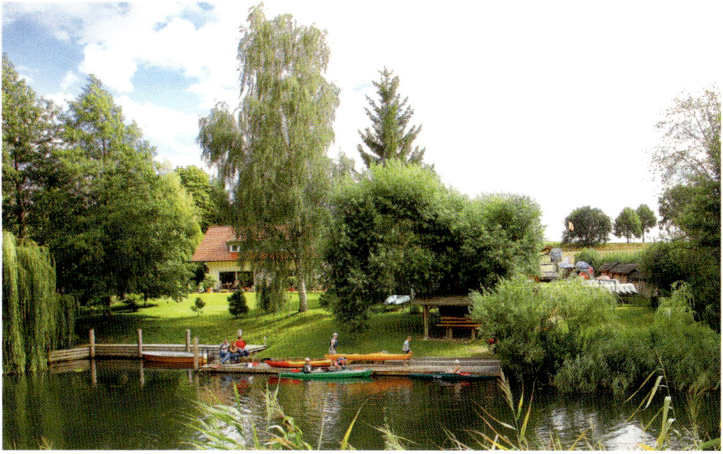

Am Ortsausgang von Plau liegt das Gelände der Kanuvermietung „Kanu-Team Plau am See".

Zwischen Eisenbahn- und Straßenbrücke der B191 liegt am linken Ufer das Gelände der ***Kanuvermietung „Kanu-Team Plau am See".*** Man kann dort nicht nur Kanus und Stand up Paddleboards mieten, sondern auch in der dem Unternehmen angeschlossenen ***Pension*** übernachten. Jeden Donnerstag ist Räucherabend in dem zur Pension gehörenden großen Garten.

km 119,3 (1,2)

(200 m)

Kanu-Team Plau am See
0172-307 65 14
(038735) 148 83

Pension „Zur Scheune"
(038735) 85 50

Rechts und links sind sehr schön die alten Treidelpfade zu erkennen, auf denen in früheren Zeiten Pferde die Lastenkähne gezogen haben. Heute sind hier nur Radfahrer und Wanderer unterwegs. Auch wenn klar erkennbar ist, dass die ***Müritz-Elde-Wasserstraße*** künstlich angelegt ist, hat man schon fast den Eindruck einer englischen Parklandschaft.

km 117 (3,5)

Mit der **Schleuse Barkow** *(Hub 3,10 m)* folgt die erste Selbstbedienungsschleuse. Die Bedienung wird auf Tafeln anschaulich erläutert und ist im positiven Sinne idiotensicher; für den Fall der Fälle werden sämtliche Selbstbedienungsschleusen an der Müritz-Elde-Wasserstraße noch von einer zentralen Stelle aus

km 114 (6,5)

Schleuse
Selbstbedienung, umtragen möglich

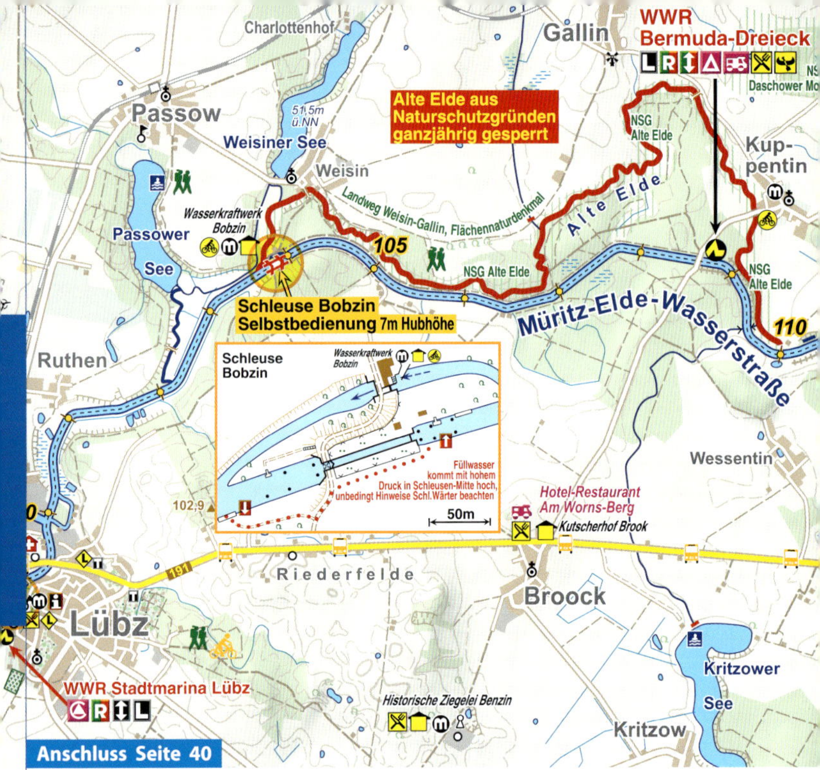

Anschluss Seite 40

videoüberwacht. Der aktuelle Status des Schleusenvorgangs (*„Talschleusung läuft“*) wird auf elektronischen Anzeigern angegeben.

km 113,3 (7,2)

Gutshaus Barkow
(038735) 82 60

(200 m)

Landgasthof Barkow
(038735) 427 41
(Mi Ruhetag)

Ein ganz besonderes Domizil auf dieser Tour ist das sympathische *Gutshaus* in **Barkow** oberhalb eines hölzernen Stegs. Es wurde 1913 erbaut und diente anfangs als Wohnhaus des Gutes, ist inzwischen in vierter Generation in Familienbesitz und bietet stilvoll eingerichtete Zimmer; Paddler dürfen für eine Nacht auch biwakieren. Sogar Fahrräder für Ausflüge in die Umgebung können gemietet werden. Welch' Idylle! Gäste „chillen“ in zwischen den Obstbäumen gespannten Hängematten und Kinder tollen die Liegewiese hinunter zur Elde um zu baden. Von Mai bis September gibt es freitags bis sonntags im Sommer-

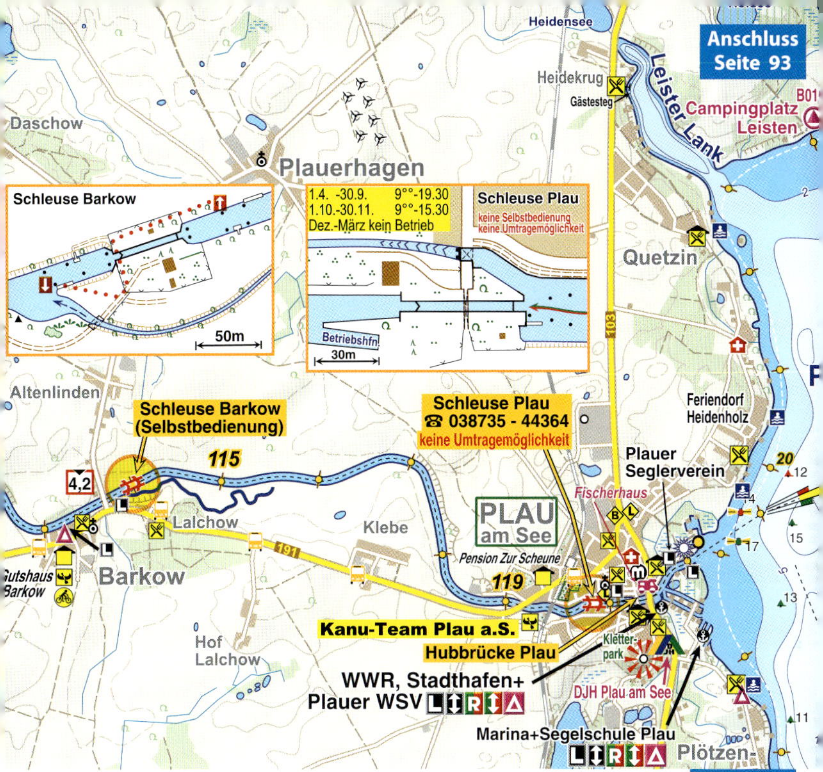

Anschluss Seite 91

café selbstgebackenen Kuchen und im nahen *Landgasthof Barkow* kann man „Futtern wie bei Muttern".

km 108,8 (11,7)

WWR „Bermuda-Dreieck"
(038732) 200 23
0173-647 81 13

Schon bald ist der Fluss von dichtem Wald gesäumt und mit Blick auf die Straßenbrücke taucht rechts der *Wasserwanderrastplatz „Bermuda-Dreieck"* von **Kuppentin** auf. Ein empfehlenswerter Übernachtungsstopp nach dem Start in Plau am See. Im weinberankten Biergarten werden vom Sauerfleisch mit frischen Bratkartoffeln über Currywurst mit Pommes viele Köstlichkeiten zubereitet. Am Wochenende gibt es selbstgebackenen Blechkuchen und einmal die Woche wird geräuchert. Wer nicht von Zelt und Lagerfeuerromantik träumt – ab zwei Übernachtungen vermietet der Betreiber auch eine nahegelegene Ferienwohnung.

Familie Krachenfels
(038732) 227 71

(900 m)

Paddler die länger bleiben möchten, mieten sich im nahen **Kuppentin** ein Fahrrad. *Die **Kirche Kuppentin**, urkundlich 1235 erwähnt, gehört zu den ältesten Dorfkirchen Mecklenburgs und ist mit dem im 15. Jh. errichteten gotischen Chor auch architekturgeschichtlich eine Besonderheit im mecklenburgischen Raum.*

Der Ortsname Kuppentin deutet mit seiner Endung „-in" wie in vielen anderen Orten der Umgebung auf die ursprünglich slawische Besiedlung Mecklenburgs im Frühmittelalter hin, gleiches gilt für die Endung „-ow" wie im benachbarten Barkow. Mit der Völkerwanderung siedelten ab dem 4./5. Jahrhundert verschiedene slawische Stämme; erst mit der Christianisierung im 10./11. Jahrhundert wurden diese nach und nach durch Deutsche verdrängt, übrig blieben lediglich die Ortsnamen.

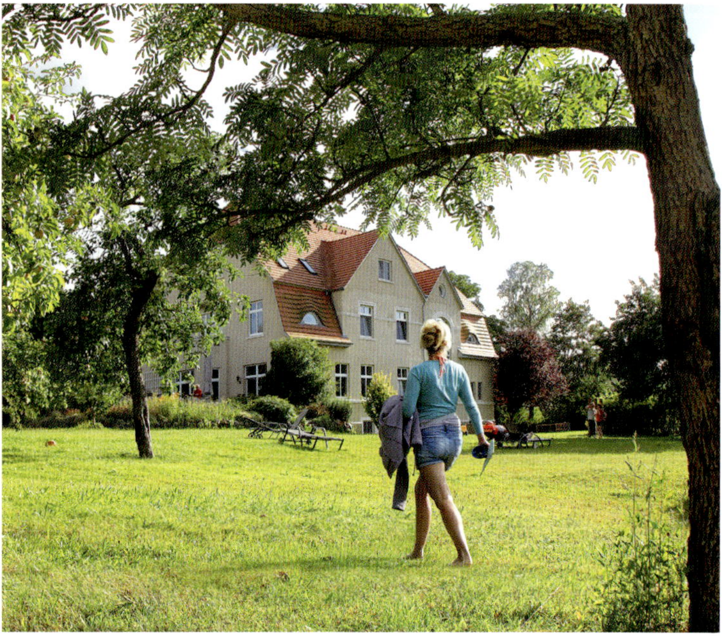

Gutshaus Barkow – der große Garten mit altem Baumbestand erstreckt sich bis hinunter an die Elde.

Mit 6,90 m Hubhöhe ist die *Schleuse Bobzin* die mit Abstand größte ganz Mecklenburg-Vorpommerns. Ebenfalls inzwischen auf Selbstbedienung umgestellt und unproblematisch zu benutzen. Im Bedarfsfall kann auch umtragen werden. Aufgrund der Hubhöhe dauert der Schleusenvorgang mit gut 20 Minuten deutlich länger im Vergleich zu den anderen Schleusen. Direkt nebenan befindet sich eines von insgesamt neun Wasserkraftwerken entlang des Kanals. Heute ist es ein ***Museum*** und kann besichtigt werden, liefert aber seit 1925 unverändert Strom. Richtig stilecht für Wassersportler kann im ***Gästehaus Bobzin*** mit Blick auf die Schleuse übernachtet werden.

km 103,8 (16,7)

Schleuse
Selbstbedienung, umtragen möglich

Gästehaus Bobzin
(038731) 207 77

Wer ein paar Tage länger bleiben will, bekommt vor Ort viele Tipps für **Wanderungen** ins 318 Hektar umfassende ***„Naturschutzgebiet Alte Elde bei Kuppentin"*** und **Radtouren** in die Umgebung. Reizvoll ist auch ein Besuch des ***Passower Sees*** mit seiner hübschen Badestelle und des nördlich des Sees in einem englischen Landschaftsgarten gelegenen ***Passower Schlosses***. *Erbaut ist es im Stil des Palladianismus und besticht durch allegorische pompejanische Wandmalereien des italienischen Malers Pellicia in der großen Eingangshalle. Leider kann das Schloss zur Zeit von innen nicht besichtigt werden.*

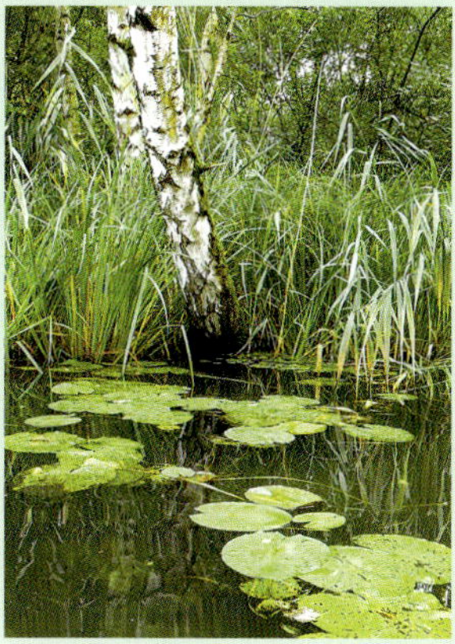

Der Höhenunterschied der Müritz-Elde-Wasserstraße von immerhin 49 Metern wird durch 17 Schleusen geregelt. Schon seit fast 100 Jahren wird dieser Höhenunterschied auch zur Gewinnung regenerativer Energien genutzt; von den 22 Wasserkraftanlagen Mecklenburgs liegen fast die Hälfte neben oder nahe der Schleusen (Bobzin, Barkow, Malchow, Lewitzschleuse, Neustadt-Glewe, Hechtsforthschleuse, Bolbrüggesche Mühle (Grabow), Findenwirunshier, Neu Kaliß). Das älteste Kraftwerk an der Hechtsforthschleuse ist seit dem Bau vor fast 100 Jahren unverändert in Betrieb, da kann man

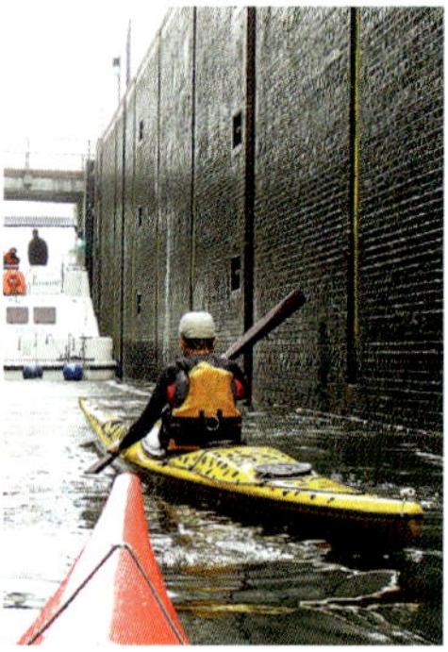

durchaus von einem nachhaltigen Investment sprechen. Genutzt wird in allen Fällen das sogenannte Freiwasser, also die Wassermenge, die für die Schleusungen nicht benötigt wird. Die meisten Kraftwerksgebäude sind architektonisch durchaus ansprechend, in alten Zeiten hat man sich meist mehr Mühe um eine regionaltypische und der Landschaft angepasste Bebauung gegeben als heutzutage.

Mehrere Beweise für die Naturbelassenheit der Müritz-Elde-Wasserstraße zeigen sich nun auf den folgenden Kilometern des öfteren in Form der im Flug blau schillernden Eisvögel.

km 99 (21,5)

Schleuse
umtragen möglich

(900 m)

WWR +
Stadtmarina Lübz
(038731) 224 28

Eine schöne Ufervegetation begleitet uns bis **Lübz**, wo es für eine evtl. Umtragung oder einen Besuch der Stadt direkt vor der *Schleuse* am linken Ufer am Stadtpark eine Aussetzmöglichkeit gibt. Wenige hundert Meter nach der Schleusung geht es links ab in den *Hafen*, der ehemaligen städtischen Badeanstalt von 1936. Dort finden Wasserwanderer sehr günstige Zeltmöglichkeiten mit komfortablen Sanitäreinrichtungen. Vom *Wasserwanderrastplatz* aus ist die beschauliche Stadt in wenigen Minuten zu Fuß erreichbar.

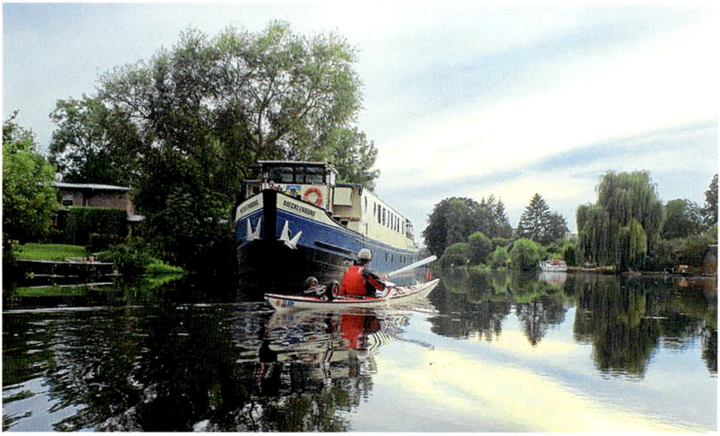

Blick auf Lübz

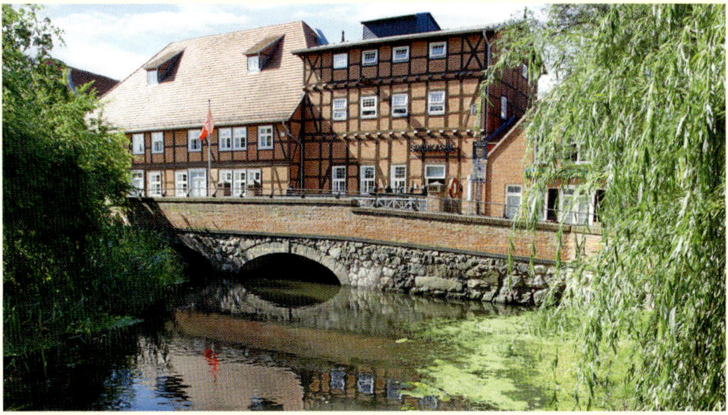

Das Wohnhaus der ehemaligen Wassermühle stammt von 1759.

Wie schon in Plau am See wartet auch Lübz mit einem malerischen Stadtbild mit vielen schön restaurierten **Fachwerkhäusern** *aus den letzten Jahrhunderten auf. So der mitten in der Stadt stehende* **Amtsturm** *von 1308, dem Wahrzeichen der Stadt und des* **Lübzer Bieres**, *der als Rest der einst prächtigen Eldenburg erhalten geblieben und heute Sitz des* **Stadtmuseums** *ist sowie das direkt daneben liegende* **Amtshaus**, *ein barocker Bau von 1759, der als Verwaltungssitz der herzoglichen Verwaltung auf den Resten der Eldenburg errichtet wurde und die ehemalige* **Wassermühle,** *dem heutigen Gebäude der Sparkasse. Weitere Sehenswürdigkeiten sind die backsteinerne* **Stadtkirche** *aus dem 16. Jh. mit dem* **Grabmal der Herzogin Sophie**, *die* **Stiftskirche** *und das* **Planetarium** *(astronomische Führungen). Regionaltypische Gerichte genießt man in der Gaststätte „Alter Amtsturm" in historischem Ambiente oder draußen im schattigen Biergarten mit Blick über den Marktplatz.*

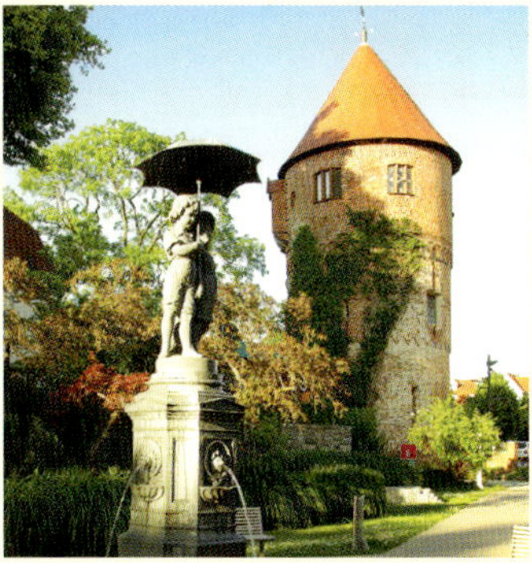

Das weit über die Grenzen von Lübz hinaus bekannte Bier wird in der Stadt gebraut. Die **Brauerei** *kann nach Voranmeldung (Tel. 0173-340 14 22 bzw. (038731) 36 204) besichtigt und die hier gebrauten Biere im Rahmen der Besichtigung selbstverständlich auch verkostet werden.*

Stadtinformation Lübz

Am Markt 23, 19386 Lübz, Tel. (038731) 471 839, www.luebzerland.de

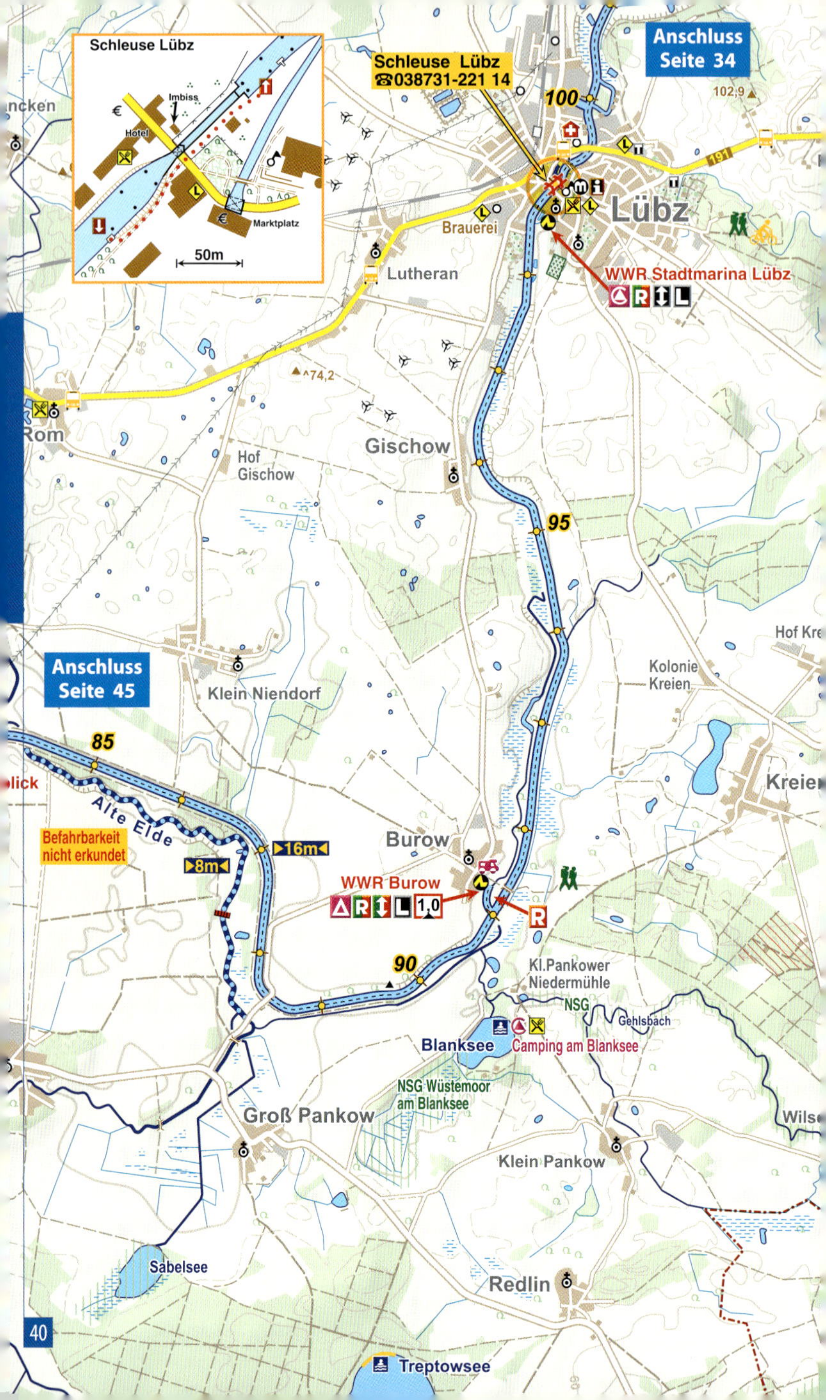
Schleuse Lübz
Imbiss
Hotel
Marktplatz
50m
Schleuse Lübz
☎038731-221 14
Anschluss Seite 34
100
102,9
191
Lübz
Brauerei
Lutheran
WWR Stadtmarina Lübz
^74,2
Rom
Gischow
Hof Gischow
95
Hof Kre
Kolonie Kreien
Anschluss Seite 45
Klein Niendorf
85
Kreie
Alte Elde
Befahrbarkeit nicht erkundet
16m
8m
Burow
WWR Burow
1,0
R
90
Kl.Pankower Niedermühle
NSG
Gehlsbach
Blanksee
Camping am Blanksee
NSG Wüstemoor am Blanksee
Groß Pankow
Wils
Klein Pankow
Sabelsee
Redlin
Treptowsee

Wer länger bleibt, dem sei ein Ausflug in die sechs Kilometer entfernte *Historische Ziegelei* **Benzin** empfohlen, der einzigen öffentlich zugänglichen Ringofenziegelei im Bundesland. Dort können Besucher so ziemlich alles über die traditionelle Handwerkskunst der Ziegel-Herstellung erfahren.

Historische Ziegelei Benzin
(038731) 80 59
Mai–Sep
Mo + Do 11–17
Sa + So 12–17

Am Örtchen **Gischow** vorbei geht es auf den *Wasserwanderrastplatz* **Burow** zu, der an einem rechts abzweigenden Altarm der Elde liegt. Für den Fall der Fälle gibt es neben einem gebührenpflichtigen WC und Dusche einen Unterstand. Die Zufahrt ist im Sommer für Motorbootfahrer zu verkrautet – für Ruhe suchende Paddler also ein echter Tipp.

km 91 (29,5)

WWR Burow
(0387318) 239 41
0171-788 13 15

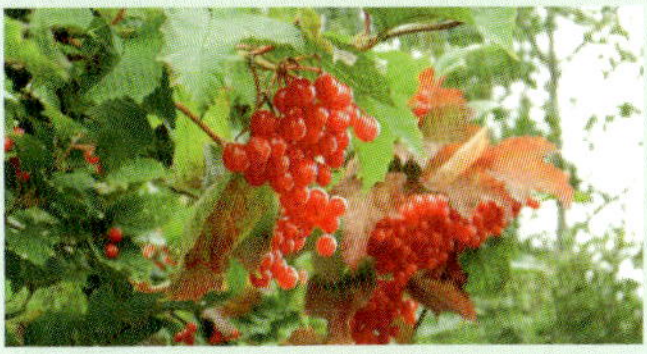

Über die Fußgängerbrücke gelangt man in rund 40 Minuten über den ***Gehlsbach (NSG)*** zum Campingplatz am ***Blanksee*** (*Badestelle*, *Gaststätte*).

Die nächsten Kilometer sind, ebenso wie die Strecke zwischen Lübz und Burow, sehr naturbelassen. Häufige Bissspuren am Ufer zeugen davon, dass sich hier nicht nur Paddler, sondern auch Biber wohl fühlen. In einem großen Bogen schwenkt die Elde nach Nordwesten. Das Ufer ist unzugänglich und steil, bewachsen mit Kiefern, Buchen, Birken, Erlen und Farn. Nur selten stört das Motorengeräusch eines Kajütbootes die Stille.

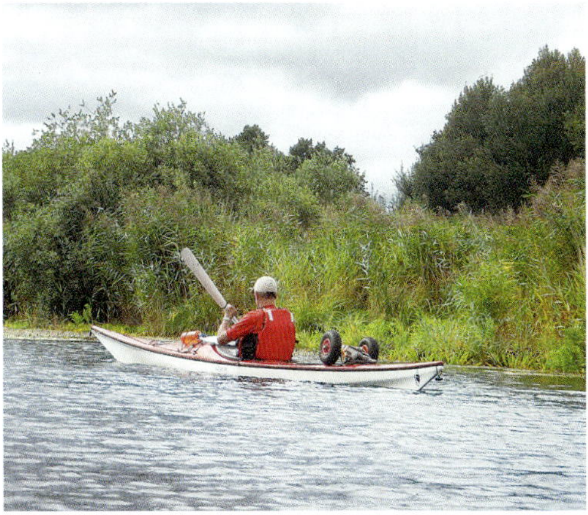

km 83,4 (37,1)

Schleuse
Selbstbedienung, umtragen möglich

Die *Schleuse Neuburg* erfolgt im Selbstbetrieb. Eine mögliche Umtragung lohnt nicht, da man trotz des Hubs von immerhin 3,80 Metern relativ schnell geschleust wird.

km 82 (38,5)

Ufer-Camp „Eldeblick"
(038724) 227 26

Kurz hinter der Schleuse folgt mit dem *Ufer-Camp „Eldeblick"* der nächste *Wasserwanderrastplatz*. Das dazugehörende Restaurant samt schattiger Terrasse lädt zu einer etwas längeren Pause ein. Da dieser Platz auch als DKV-Station geführt wird, zelten Mitglieder des Deutschen Kanu-Verbandes *(DKV)* hier sehr günstig.

Hinter **Neuburg** trifft man immer wieder auf schöne und sandige Badestellen umgeben von lichtem Kiefern- und Birkenwald, außer einer Vielzahl von Enten und Libellen in den schillerndsten Farben ist hier rein gar nichts los.

km 76,3 (44,2)

Hotel-Restaurant „Zum Fährhaus"
(03871) 62 61-0

Dann wieder bestimmen Blumenwiesen und Getreidefelder das Landschaftsbild bevor wir in **Slate** das *Hotel-Restaurant „Zum Fährhaus"* erreichen. *Das Haus knüpft an eine seit 1414 bestehende Tradition an, denn der Slater Fährmann bot Reisenden neben einer Fährüberfahrt auch Kost und Logis an. Der Fährbetrieb ist inzwischen jedoch eingestellt. Die imposante Dorfkirche besteht aus einem quadratischen Wehrturm aus Feldstein und einer gotischen Backsteinhalle aus dem 14. Jh., ihr Inneres ist dagegen eher schlicht. Die Strahlenkranz-Madonna, eine kunstvolle Schnitzarbeit wohl aus dem 15. Jh., könnte Teil eines sogenannten Reisealtars sein, der von Mönchen, Fürsten oder Missionaren auf Missionsreisen, Wallfahrten oder Kreuzzügen mitgenommen wurde.*

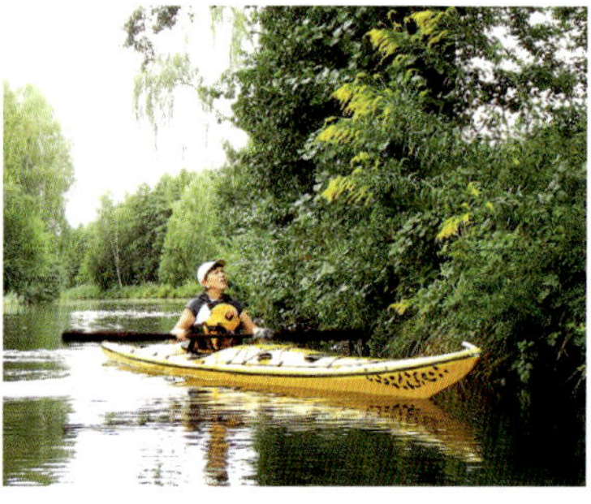

Hinter **Slate** wird die Müritz-Elde-Wasserstraße etwas gerader und eine Straße folgt am linken Ufer der Wasserstraße. Langsam kommen auch mehrere Kirchtürme in Sicht und kündigen Parchim an.

Vor **Parchim** bietet sich aber mit dem *Café & Pension „Am Brunnen“* noch eine weitere Gelegenheit direkt am Wasser gepflegt zu speisen und zu übernachten. Auf Paddler ist man hier eingestellt, ein separater Kanu-Ausstieg steht ebenso zur Verfügung wie die Möglichkeit, auf der Wiese direkt am Wasser zu zelten. Fahrräder können gemietet werden, so dass als Abwechslung zum Paddeln auch eine Radtour in die Umgebung gemacht werden kann.

km 74,8 (45,7)

Café & Pension „Am Brunnen“
(03871) 468 97 76

Über die Brücke kommt man ins direkt jenseits der Elde liegende „*Slater Moor*“, ein naturbelassenes 72 Hektar großes Feuchtgebiet mit artenreicher Flora und Fauna und von da zu den Angelteichen im *Parchimer Buchholz*.

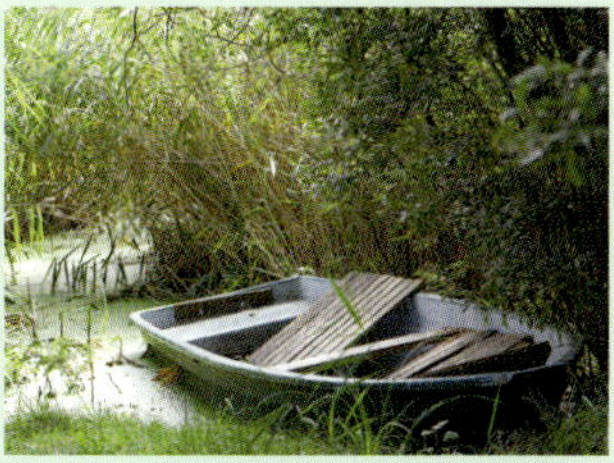

In rund einer Stunde Fußmarsch Richtung **Kiekindemark** ist man im westlich gelegenen „*Sonnenberg*“, einem großen Waldgebiet mit Erhebungen von bis zu 126 Metern, wo die größten Douglasien Mitteleuropas stehen sollen.

Einer Sage zufolge hauste hier der Räuber Vieting. Von den Reisenden verlangte er als Wegzoll deren gesamte Habe. Einem gefangengenommenen Mädchen aus Slate gelingt es Stadtsoldaten auf die Spur des gesuchten Räubers zu führen, die ihn fassen. Der Räuber Vieting wird zum Tode verurteilt und äußert als letzten Wunsch einen Kuss der Verräterin, bei dem er ihr die Zunge abbeißt.

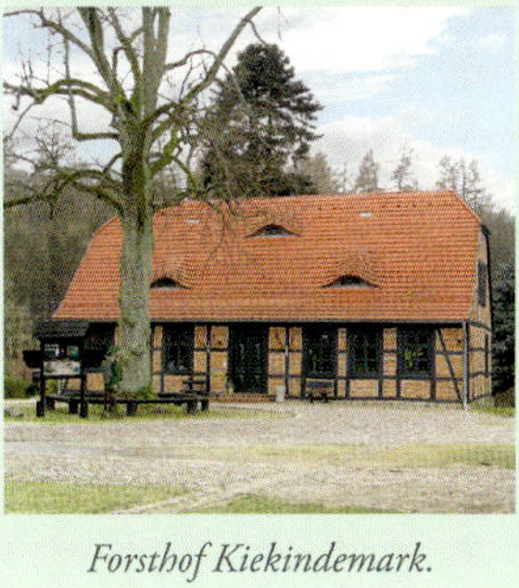

Forsthof Kiekindemark.

Wanderwege und Sehenswürdigkeiten sind gut ausgeschildert und Schautafeln informieren über alles Wissenswerte. In **Kiekindemark** interessant sind: der *Forstgarten (Schaugarten)* mit Feuchtbiotop, Streuobstwiese und Bäumen des Jahres, ein *Wildgehege* mit Muffelwild und das waldpädagogische Zentrum „Eichkaters Kobel / Waldschule Kiekindemark“ in der alten Forstscheune.

km 72,8 (47,7)

(km 48,7)

(1000 m)

WWR + Stadthafen Parchim
(03871) 62 17 01

Der Abzweig nach rechts in den ***Stadtgraben* Parchim**, zum Wasserwanderrastplatz, ist ausgeschildert. An seinem Ende befindet sich der *Wasserwanderrastplatz* und *Stadthafen Fischerdamm Parchim*, in dem Motorboote, Wohnmobile und Paddler willkommen sind. Die Zufahrt zur Ausstiegsstelle für Paddler ist unter einer sehr niedrigen hölzernen Fußgängerbrücke angelegt, der Steg dahinter allerdings gut nutzbar. Die Zeltmöglichkeiten beschränken sich auf mehrere kleine Rasenflächen direkt um die Sanitärgebäude herum. Die Sanitäranlagen sind zwar aufwändig gemacht, aber es fehlt eine Abwaschmöglichkeit für Geschirr und selbst das Nachfüllen etwas größerer Wasserflaschen ist nicht so ohne wei-

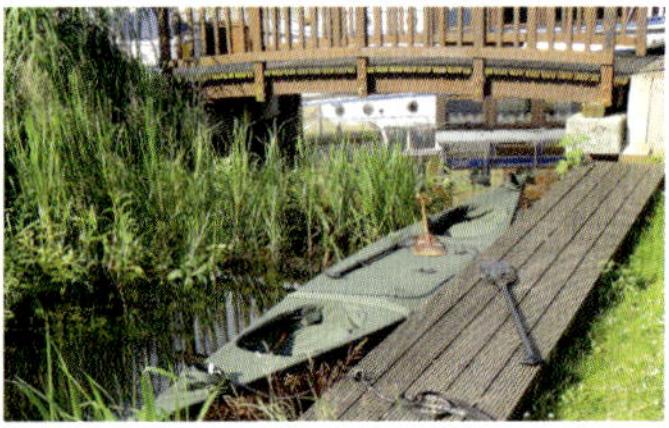

Anlegestelle WWR Parchim.

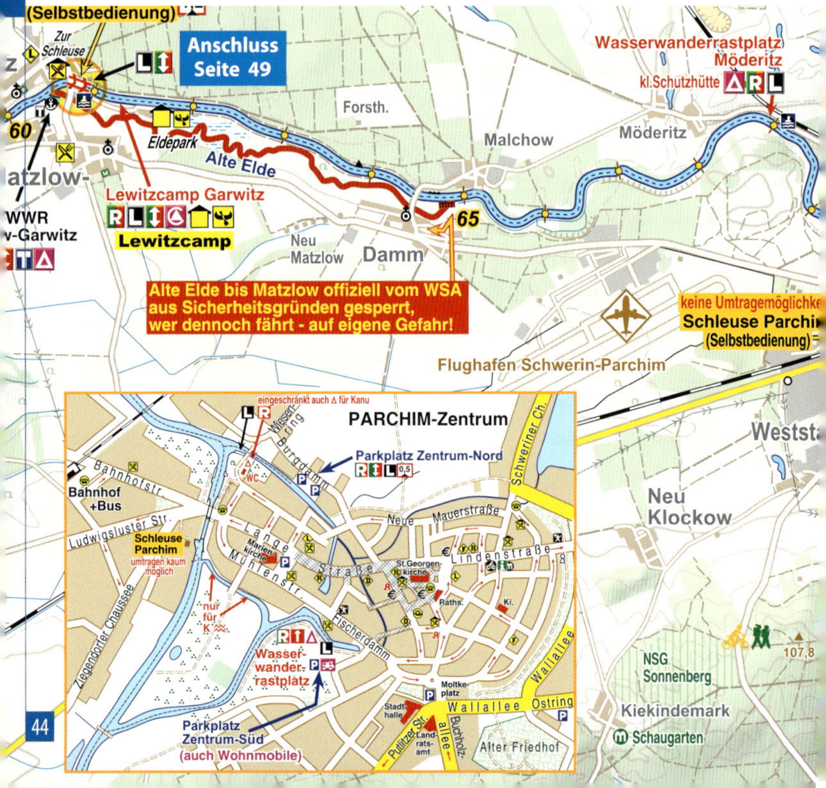

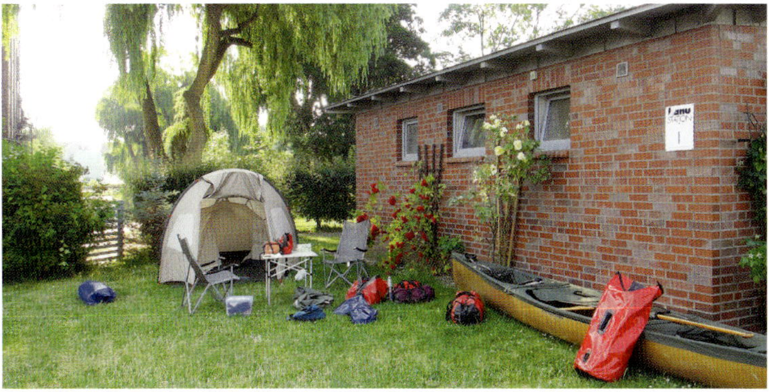

teres möglich. Dafür sind die beim Hafenmeister zu entrichtenden Nutzungsentgelte für die Übernachtung als sehr moderat zu bezeichnen und der Platz ist absolut stadtnah und für eine Stadtbesichtigung optimal.

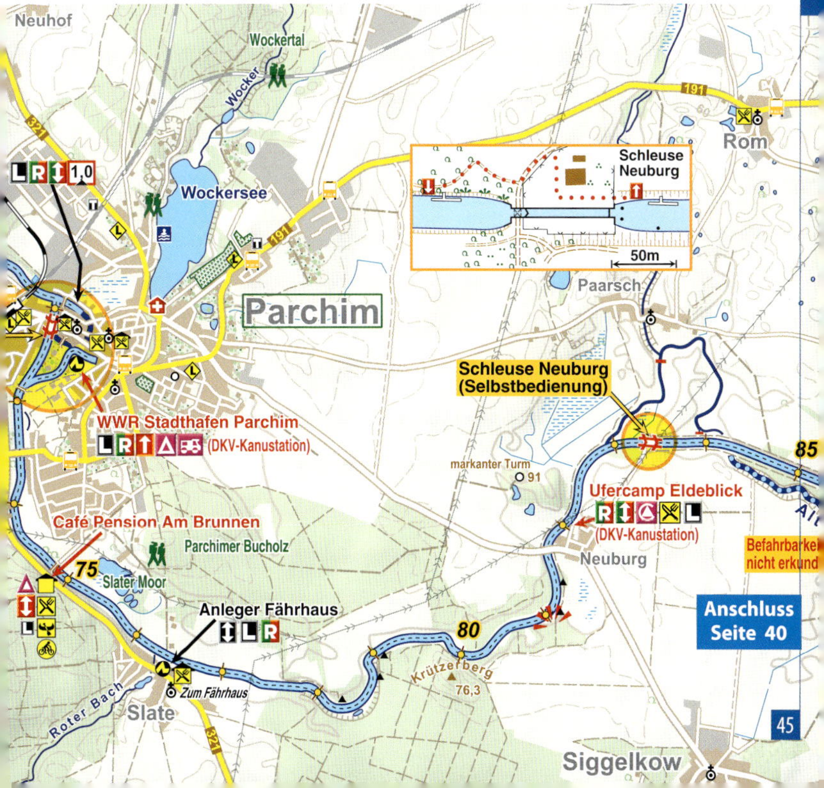

Blick auf Parchim

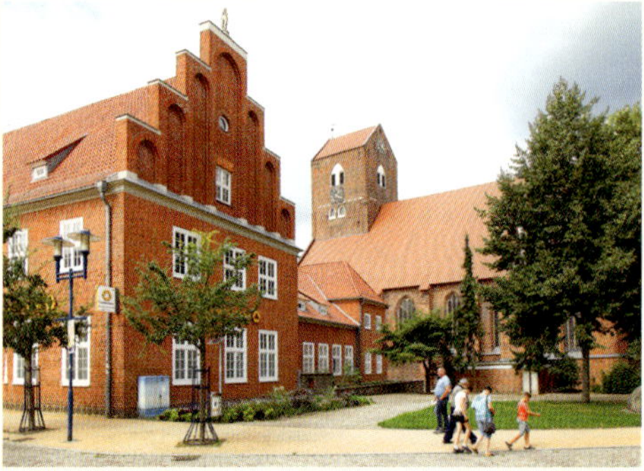

Das 18.000 Einwohner zählende Parchim, 1170 erstmalig urkundlich erwähnt, ist die mit Abstand größte Stadt an der Müritz-Elde-Wasserstraße und Geburtsstadt des Generalfeldmarschalls Helmuth von Moltke. Er gehört neben Hannibal, Cäsar und Napoleon zu den großen Feldherren der Weltgeschichte. Eine Gedächtnisstätte ist in seinem **Geburtshaus** *in der Lange Str. 28 untergebracht.*

Imposante **Fachwerk- und Backsteinhäuser**, *z. B. das* **Zinnhaus** *(1612), eines der ältesten Häuser der Stadt und das* **Rathaus** *aus dem 14. Jahrhundert, prägen das Bild der ehemaligen Garnisonsstadt, die bis auf den Stadtbrand von 1612 und dem 30-jährigen Krieg von größeren Zerstörungen verschont blieb. Lange Zeit war es Sitz des höchsten mecklenburgischen Gerichts. Die dreischiffige gotische* **Georgenkirche** *(mit Resten mittelalterlicher Wandmalereien), deren Bau im 13. Jahrhundert begonnen, aber erst im 15. Jahrhundert vollendet wurde, ist einer der größten Sakralbauten Mecklenburgs.*

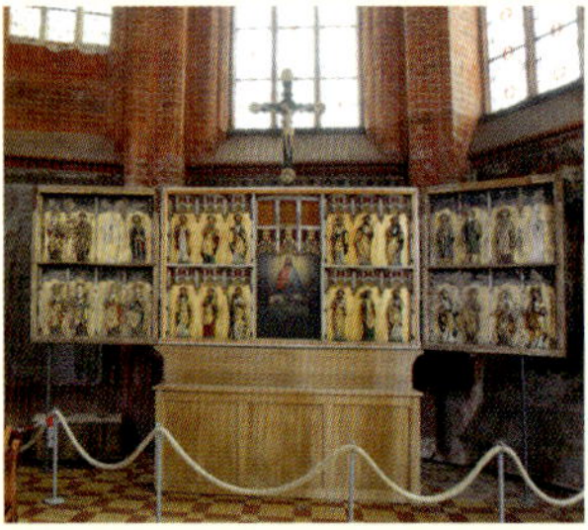

Der Stadtkern mit seinen zwei Zentren in der **Altstadt** *um die Kirchen St. Georgen und in der Neustadt um* **St. Marien** *(Baubeginn 1310, backsteinerne* **Hallenkirche** *mit Taufbecken von 1365, Marienaltar um 1500, zwei Glocken von 1514, Kanzel und Orgelempore von 1601 und jüdische Grabsteine aus dem 13./14. Jh.), durchflossen von der Elde, ist ein gut erhaltenes regionales Flächendenkmal und einen längeren Bummel wert.*

Alt- und Neustadt sind von den alten **Wallanlagen** *umgeben, in Teilbereichen ist auch noch die* **Stadtmauer** *aus dem 14. Jahrhundert erhalten. Das ehemalige* **Wallhotel** *(heute Sparkasse) im englisch-gotischen Stil 1863 erbaut, steht am Moltkeplatz.*

In der Fußgängerzone, die fast unmittelbar am Wasserwanderrastplatz Fischerdamm beginnt, gibt es Einkaufsmöglichkeiten für (fast) jeden Bedarf und auch eine Vielzahl von Restaurants. Empfehlenswert ist der „Stadtkrug", ein historisches Hotel-Restaurant mit guter mecklenburgischer Küche.

Stadtinformation Parchim
Blutstraße 5, 19370 Parchim, Tel. (03871) 71-550, www.parchim.de

Badefreunden sei der nahe ***Wockersee*** empfohlen. Früher diente er dem Fischfang, heute nur noch der Erholung. Ein fast fünf Kilometer langer Rundweg lädt zu einem Spaziergang ein. Nördlich schließt sich das Landschaftsschutzgebiet ***Wockertal*** und ***Darzer Moor*** mit einer seltenen Tier- und Planzenwelt an.

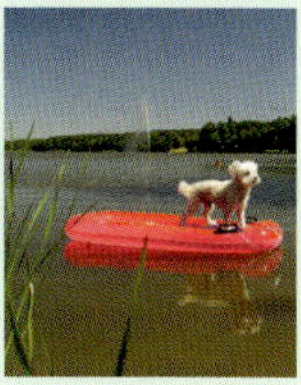

Bei der Weiterfahrt nehmen wir vom Stadthafen den rechts abzweigenden Graben, der nur für Paddler geeignet ist. Nach wenigen hundert Metern quasi durch den „Hinterhof" von Parchim kommt man direkt vor der Schleuse wieder auf die Müritz-Elde-Wasserstraße.

km 72,2 (49,7)

Die *Selbstbedienungsschleuse* in **Parchim** muss man benutzen, da keine Umtragemöglichkeit besteht, aber es gibt, wie bei allen anderen Selbstbedienungsschleusen, eigentlich keine Möglichkeit etwas falsch zu machen. Kurz hinter ihr macht die Elde-Müritz-Wasserstraße einen scharfen Knick nach links und eine (sehr) kurze Strecke folgt, auf der der Kanal auch tatsächlich mal wie ein Kanal wirkt.

Schleuse
Selbstbedienung,
keine Umtragemöglichkeit!

km 69 (52,9)

Der *Wasserwanderrastplatz Möderitz* ist für Paddler eher weniger geeignet, da der Steg recht hoch ist und durch die direkte Lage an einer Straße und Bahnlinie auch unruhig.

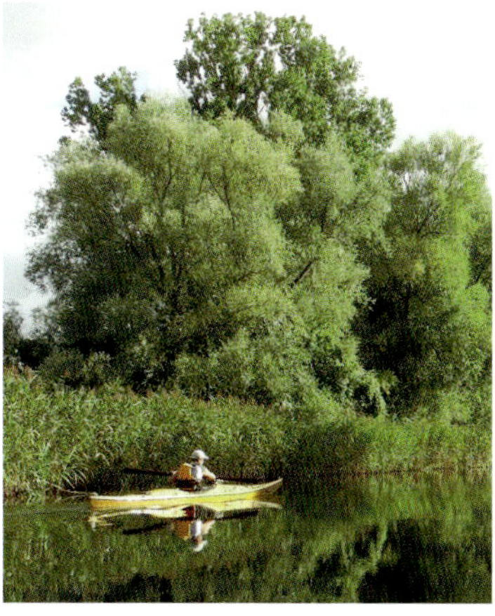

Einige Kilometer weiter steigt das Ufer auf der rechten Seite leicht an, während es links durch einen künstlichen Damm gegenüber der etwas tiefer liegenden Alten Elde abgeschottet ist. So hat man an einigen Stellen einen Blick durch das Schilf auf das etwas vom Ufer entfernt liegende Dörfchen **Damm** mit seiner gotischen Feldsteinkirche aus dem 14. Jahrhundert und über die tiefer liegende Landschaft.

km 61,5 (60,8)

Eldepark
(038722) 227 70

Auf einem fast schnurgeraden Abschnitt geht es vorbei an der kleinen *Ferienanlage „Eldepark" (auch Kanuvermietung für Gäste)*, der neben Gruppen auch Einzel(wasser) wanderer in seinen Holzbungalows aufnimmt, zum *Lewitzcamp Garwitz*.

km 61,3 (60,6)

Lewitzcamp Garwitz
0172-315 72 77

Außer den üblichen Sanitäranlagen stehen Grills und mehrere Feuerstellen zur Verfügung. Nicht einmal das Feuerholz muss man selbst mitbringen; gegen einen geringen Obolus kann es fertig gehackt erworben werden. Holzkunst mit der Motorsäge ist offensichtlich ein Hobby des Betreibers, jedenfalls sind auf dem gesamten Gelände von ihm geschaffene Skulpturen zu bewundern. Für „Zeltmuffel" stehen eine Gästehütte bzw. ein Wohnwagen zur Verfügung.

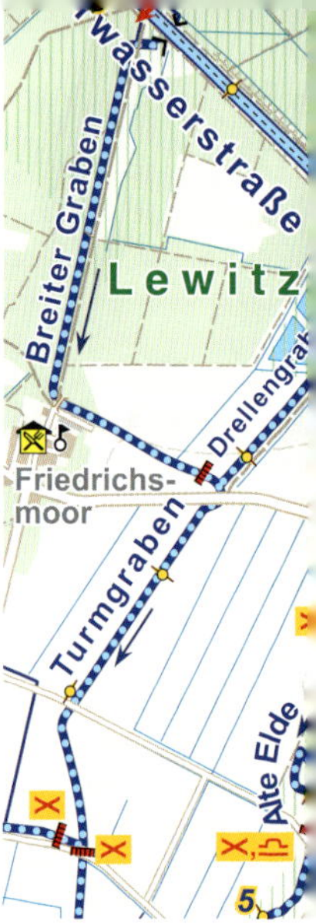

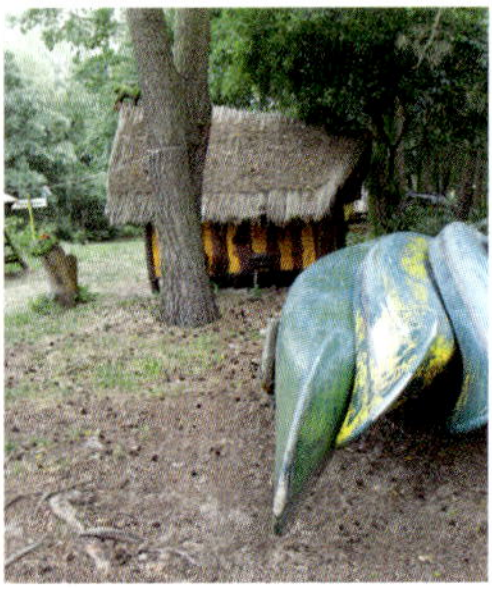

km 60,8 (61,1)

Schleuse
Selbstbedienung, umtragen möglich

Gaststätte „Zur Schleuse"
(038722) 200 53

Mit der *Schleuse Garwitz* folgt die nächste Selbstbedienungsschleuse, dieses Mal wieder mit der Möglichkeit alternativ zu umtragen. Unweit der Schleuse findet der interessierte Paddler im rechtsufrigen **Garwitz** mit der *Gaststätte „Zur Schleuse"* die nächste Gelegenheit regionale Küche zu genießen und komfortabel zu nächtigen. Der kleine Dorfladen „Tobis Einkauf" bietet eine kleine Auswahl an Waren des täglichen Bedarfs.

km 60,5 (61,4)

WWR Matzlow-Garwitz
(038726) 202 10
0162-865 30 20

Wenige hundert Meter hinter der Schleuse geht es links ab zu dem an einem kleinen Hafenbecken gelegenen *Wasserwanderrastplatz Matzlow-Garwitz (überdachte Sitzplätze, Getränke-Kiosk)*. Wer hier übernachtet hat es auch nicht weit zum Freibad an der Schleuse. Für viele Kilometer gibt es nun keine offiziellen Rastplätze mehr und auch ansonsten nur wenig Gelegenheit für eine Pause.

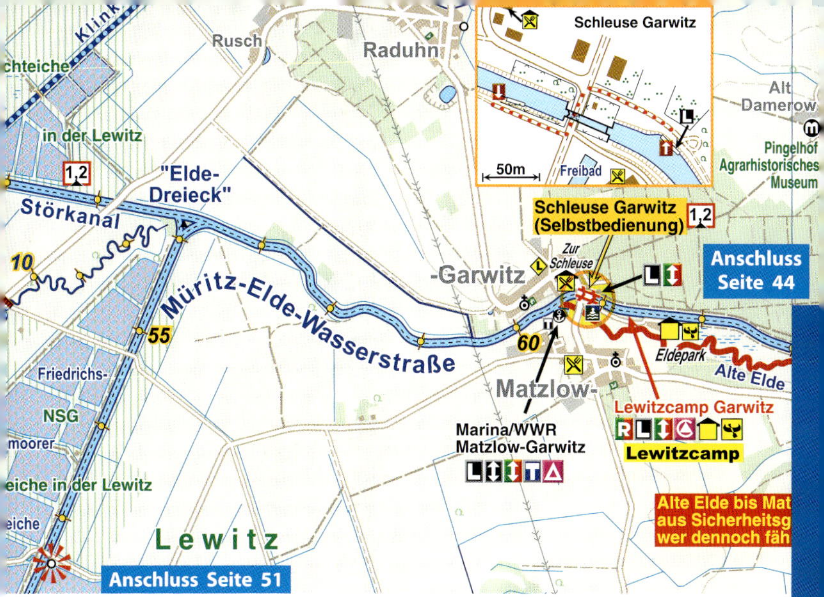

Nach 4,5 Kilometern ist das „***Elde-Dreieck***" erreicht. Geradeaus geht es über den ***Störkanal*** in Richtung Schwerin, die ***Müritz-Elde-Wasserstraße*** biegt scharf links ab und ab jetzt paddelt man tatsächlich für rund zehn Kilometer auf einem recht öde wirkenden Kanal, der mehr oder weniger nur geradeaus geht. Einzige Abwechslung und Anhaltspunkt für die zurückgelegten Kilometer bilden die wenigen Brücken. Zu beiden Seiten des Ufers erstreckt sich, wegen des hohen Schilfs kaum sichtbar, die ***Lewitz*** *(siehe Seite 50).*

km 56 (65,9)

Unmittelbar an der Brücke bietet am linken Ufer ein hölzerner ***Aussichtsturm*** herrliche Ausblicke über das ***Naturschutzgebiet Fischteiche in der Lewitz*** zu beiden Seiten der Elde.

km 52,5 (69,4)

NSG

An der ***Selbstbedienungsschleuse Lewitz*** gibt es durch die alternative Umtragemöglichkeit mal wieder Gelegenheit eine Pause einzulegen. Auch die öde Kanalstrecke hat jetzt fast ein Ende. Bereits kurz vor der Brücke der Autobahn A 24 wird die Müritz-Elde-Wasserstraße wieder zu einem idyllischen Gewässer.

km 50,5 (71,4)

Schleuse
Selbstbedienung, umtragen möglich

Die Lewitz

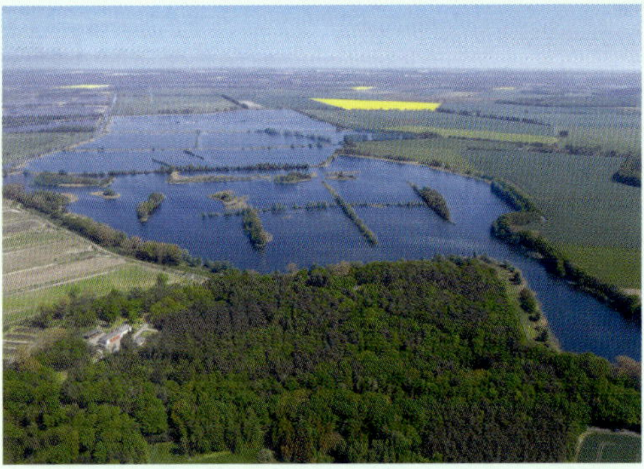

Im Dreieck zwischen Schwerin, Parchim und Neustadt-Glewe gelegen, ist sie mit 225 Quadratkilometern Deutschlands größte zusammenhängende Wiesenlandschaft. Noch vor rund 700 Jahren war die von Niedermooren und kleinen Seen und Flüssen durchzogene flache Gegend von Buchen, Eichen und Erlen bestanden, aus denen zum einen die wachsenden Städte der Hansezeit ihr Bauholz bezogen, zum anderen ab dem 16. Jh. der zunehmende Holzbedarf zur Verhüttung von Raseneisenerz gedeckt wurde. Wegen Holzmangels musste 1717 die letzte Eisenschmelze in Neustadt-Glewe schließen.

Ein Teil der Lewitz steht bereits seit 1938 unter Naturschutz, dies gilt auch für die vielen Fischteiche, die seit dem 19. Jh. angelegt wurden. Jedes Jahr im November werden die bewirtschafteten Teiche abgelassen und Karpfen im Rahmen eines großen Festes abgefischt. Viele andernorts seltene Tierarten wie See- oder Fischadler und Fischotter sind hier heimisch, auch viele Zugvögel nutzen die Lewitz als Rastplatz; sie ist daher in Teilen als Europäisches Vogelschutzgebiet ausgewiesen. So ist die von der Eiszeit geprägte vielfältige Landschaft zu einem Geheimtipp für Naturfreunde geworden, die zu Fuß, auf dem Fahrrad oder per Kanu erkundet werden kann. Das hübsche ***Jagdschloss Friedrichsmoor*** (*leckere Wild-Küche, preiswerte Übernachtung*), ehemals Jagdsitz der mecklenburgischen Herzöge, lohnt einen Besuch per Rad oder mit Kanu / zu Fuß über den ***Störkanal***, ***Breiter Graben***.

km 46,3 (75,6)

Schleuse
Selbstbedienung, keine Umtragemöglichkeit!

Mit der *Selbstbedienungsschleuse Neustadt-Glewe* *(ohne Umtragemöglichkeit)* wird auch das Stadtgebiet von **Neustadt-Glewe** erreicht. Für eine Besichtigung oder Übernachtung bietet sich der gleich folgende Wasserwanderrastplatz an.

Kurz hinter der Schleuse zweigt ein kleiner Seitenarm rechts ab und führt zum *Wasserwanderrastplatz*. Die kleine Wiese direkt vor dem Hauptgebäude bietet

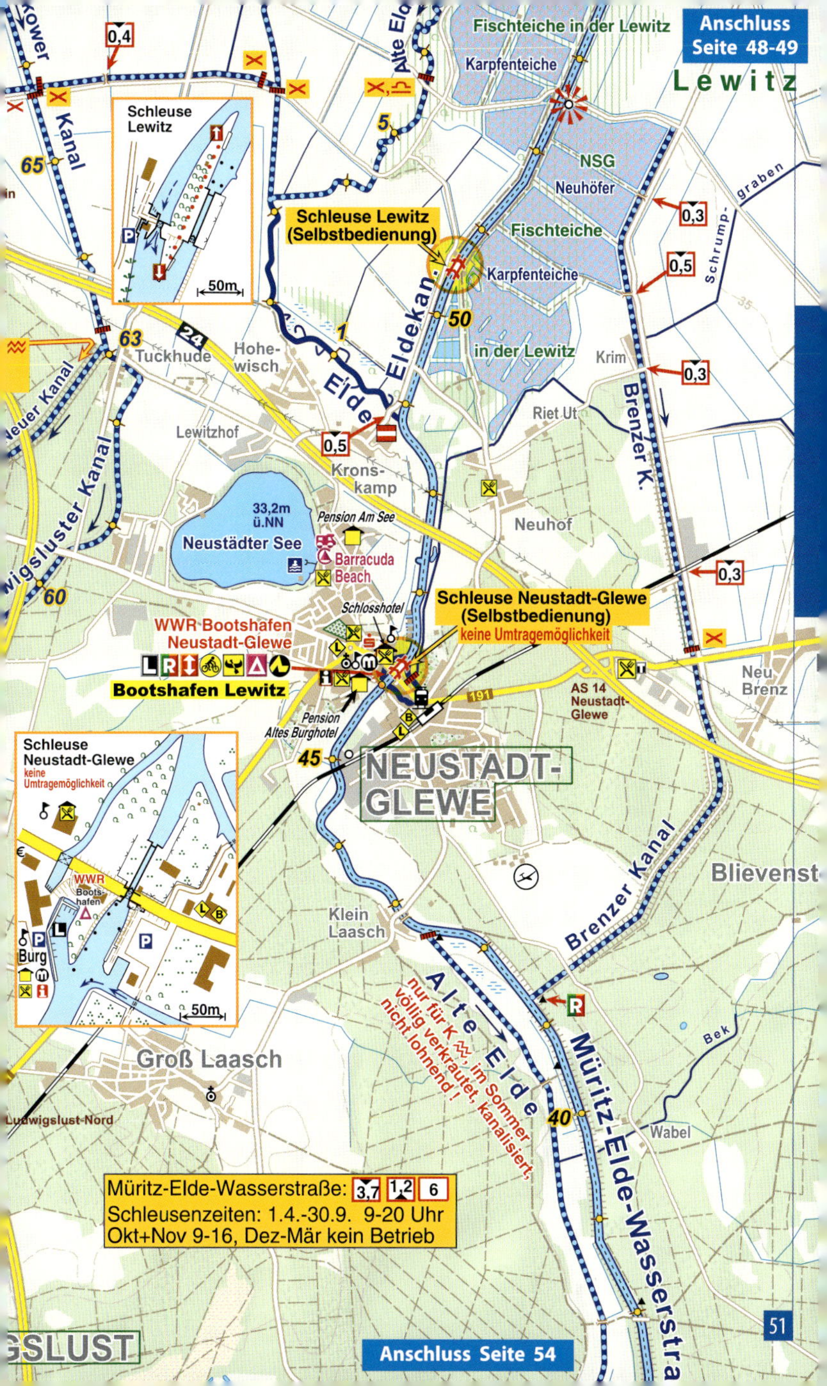
Anschluss Seite 48-49
Lewitz
Fischteiche in der Lewitz
Karpfenteiche
NSG
Neuhöfer
Fischteiche
Karpfenteiche
in der Lewitz
Schleuse Lewitz
50m
Schleuse Lewitz (Selbstbedienung)
Alte Elde
Kanal
Neuer Kanal
Ludwigsluster Kanal
Eldekan.
Elde
Schrump-graben
Brenzer K.
Brenzer Kanal
Tuckhude
Hohe-wisch
Lewitzhof
Krons-kamp
Krim
Riet Ut
Neuhof
Neustädter See
33,2m ü.NN
Pension Am See
Barracuda Beach
Schlosshotel
Schleuse Neustadt-Glewe (Selbstbedienung)
keine Umtragemöglichkeit
WWR Bootshafen Neustadt-Glewe
Bootshafen Lewitz
Pension Altes Burghotel
AS 14 Neustadt-Glewe
Neu Brenz
NEUSTADT-GLEWE
Blievenst
Schleuse Neustadt-Glewe
keine Umtragemöglichkeit
WWR Boots-hafen
Burg
50m
Klein Laasch
Groß Laasch
Ludwigslust-Nord
Alte Elde
nur für K im Sommer völlig verkrautet, kanalisiert, nicht lohnend!
Müritz-Elde-Wasserstra
Bek
Wabel
Müritz-Elde-Wasserstraße: 3,7 1,2 6
Schleusenzeiten: 1.4.-30.9. 9-20 Uhr
Okt+Nov 9-16, Dez-Mär kein Betrieb
GSLUST
Anschluss Seite 54

Blick auf Neustadt-Glewe

Das 6.700 Einwohner zählende „Tor zur Lewitz" besitzt mit der **Alten Burg** *und dem* **Neuen Schloss** *zwei architektonische Schmuckstücke. Bereits um das Jahr 1300 wurde mit dem Bau der* **Alten Burg** *begonnen. Sie diente der Sicherung der südwestlichen Grenze der Grafschaft Schwerin sowie der Kontrolle der Wege und der Furten der Elde und der nahen Lewitz. Heute ist sie die wohl am besten erhaltene mittelalterliche Burg in Mecklenburg-Vorpommern und beherbergt ein sehenswertes* **Museum** *zur Burggeschichte.*

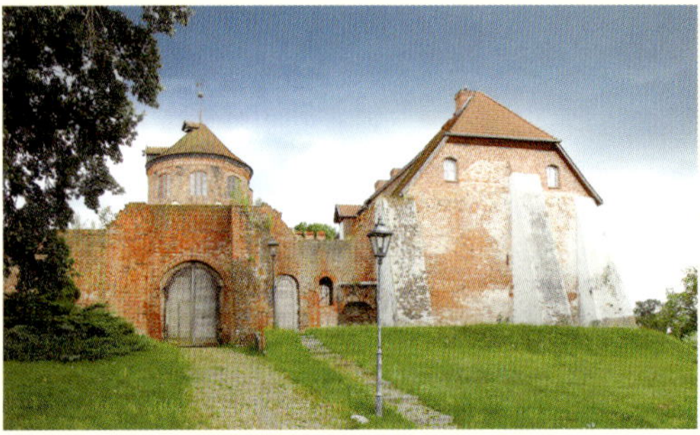

Das schöne Ambiente der um 1250 errichteten Burg lädt zum Essen im Restaurant und zur Übernachtung in der Pension „Altes Burghotel". Der Wasserwanderrastplatz ist direkt nebenan.

Mit dem Bau des **Neuen Schlosses** *(heute Hotel) wurde 1619 begonnen und erst 1717 war es fertiggestellt. Von da an verlor die Alte Burg ihre Funktion als herzoglicher Wohnsitz.*

Mehrere Stadtbrände sorgten dafür, dass viele Gebäude immer wieder neu aufgebaut werden mussten, so ist das **Rathaus** *von 1805 direkt am Marktplatz sehr sehenswert durch die interessante Mischung aus barocken und klassizistischen Elementen. Auch die turmlose backsteinerne* **Marienkirch***e mit der prächtigen hölzernen Kanzel von 1587 musste nach einem Stadtbrand nach 1728 wieder neu aufgebaut werden.*

Die Stadt war schon immer ein wichtiger Industriestandort. Im 16. Jahrhundert existierte eine Kupfer-, Messing- und Eisenschmelzhütte, eine Gießerei, eine Nagel- und Hammerschmiede, eine Walk- und Papiermühle sowie Gerbereien, Pulver-, Korn- und Sägemühlen. Durch das Leder-, das Fernmelde- und das Hydraulikwerk war das auch zu DDR-Zeiten so.

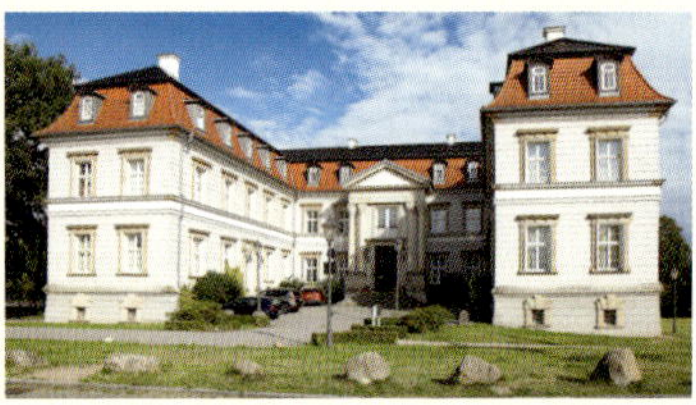

Das Neue Schloss im Stil des niederl. Barock.

Wer neben der Paddelei auch mal baden will, kann das wunderbar am flachen und sandigen Badestrand des rund eineinhalb Kilometer entfernten **Neustädter Sees** *(Beach Bar, Restaurant). Für weitere Abwechslung sorgen Radtouren in die* **Lewitz***, zum* **Jagdschloss Friedrichsmoor** *oder zum* **Barockschloss** *nach* **Ludwigslust***.*

Stadtinformation Neustadt-Glewe, Alte Burg 1, 19306 Neustadt-Glewe, Tel. (038757) 500 64, www.neustadt-glewe.de

ausreichend Platz für Übernachtungen im Zelt. Der Bootshafen mit herrlichem Blick auf die Alte Burg wird von einem sehr rührigen Ehepaar betrieben, das den Begriff „Service" absolut verinnerlicht hat. Neben Brötchen kann auf Wunsch auch das komplette Frühstück bestellt werden und Tipps für die Besichtigung von **Neustadt-Glewe** sind selbstverständlich. Neben einem Aufenthaltsraum für Schlechtwettertage gibt es gar eine Waschmaschine und Trockner.

km 46 (75,9)

(600 m)

WWR Bootshafen Neustadt-Glewe
0172-178 24 01

Direkt nebenan liegen die ***Alte Burg*** mit einem sehenswerten *Burgmuseum*, einem *Restaurant* und einer *Pension* sowie das unter Denkmalschutz stehende ehemalige Wasserkraftwerk. Mehr oder weniger gegenüber steht das ***Neue Schloss***, in dem heute ein *Hotel* residiert, das im Inneren mit üppigem Stuckwerk in barocker Pracht glänzt.

Burgmuseum
(038757) 237 84
Apr–Sep Di-Fr 10-16
Sa+So 11–16

Pension „Altes Burghotel"
(038757) 59 84 77

Hinter Neustadt-Glewe ist die Strecke wieder sehr naturbelassen mit vielen Libellen und Wasservögeln und immer wieder auch Bissspuren von Bibern. Das rechte sandige Ufer bietet bis zur Hechtsforthschleuse schöne Pausenplätze, die auch zum Baden einladen.

Hotel Schloss Neustadt Glewe
(038757) 53 20

Erst an der *Selbstbedienungsschleuse Hechtsforthschleuse* gibt es die nächste Gelegenheit zur Pause. *Direkt vor ihr liegt das mit fast 100 Jahren älteste Wasserkraftwerk an der Müritz-Elde-Wasserstraße; zwar inzwischen ein technisches Denkmal, aber immer noch mit unveränderter Technik in Betrieb, also ein eindeutiger Beweis für die Nachhaltigkeit der Nutzung von Wasserkraft.* Der ehemalige, kurz hinter der Schleuse liegende Wasserwanderrastplatz ist leider nicht mehr in Betrieb. Schilder verbieten unzweideutig das Betreten des Geländes.

km 34,7 (87,2)

Schleuse
Selbstbedienung, umtragen möglich

Mit dem Stadtgebiet von **Grabow** wird auch die *Selbstbedienungsschleuse Grabow (ohne Umtragemöglichkeit)* erreicht. Vor der Schleuse hält sich links, wer das günstige *Hotel Stadt Hamburg* in Grabow zum Tagesziel hat. Sich in dem Seitenarm der ***Alten Elde***

km 30,8 (91,1)

Schleuse
Selbstbedienung, keine Umtragemöglichkeit!

Hotel Stadt Hamburg
(038756) 222 33

immer rechts haltend, muss man nach gut einem Kilometer vor einem Wehr am rechten Ufer an der hoteleigenen Bootsanlegestelle aussetzen. Selbst Zeltgäste sind für eine Nacht willkommen.

km 29,7 (92,2)
(900 m)

Wer die einzige wassernahe Übernachtungsmöglichkeit nicht nutzen will, dem empfiehlt sich, hinter der Schleuse die rund 1200 Meter bis zum *Stadthafen Grabow* zügig durchzupaddeln, da sich bei Motorbootverkehr aufgrund der Spundwände bzw. Steinmauern schnell nervige Kabbelwellen aufbauen.

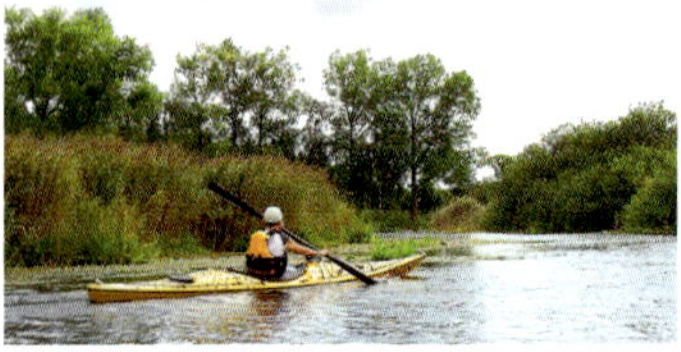

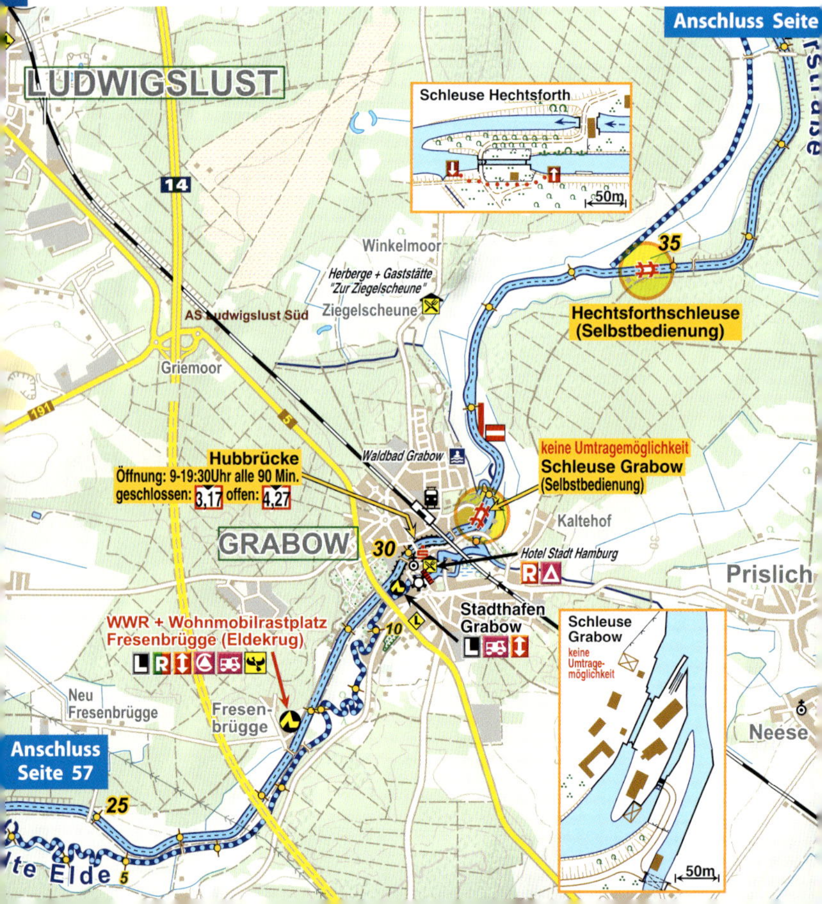

Blick auf Grabow

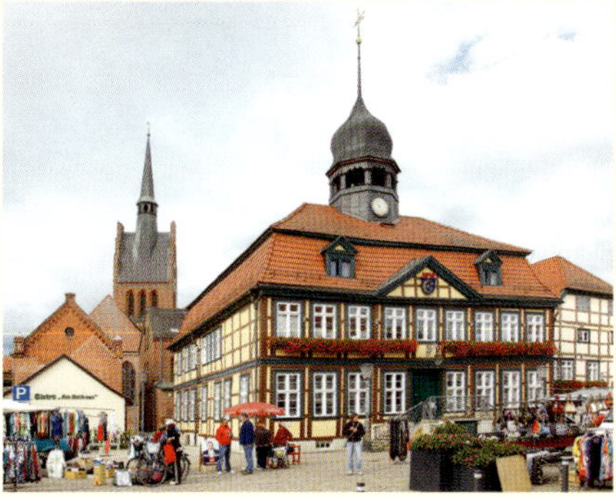

Dienstags ist Markt vor der Kulisse des Rathauses.

Bereits 1186 erstmalig urkundlich erwähnt, gehört Grabow zu den ältesten Städten Mecklenburgs. Das Stadtbild resultiert jedoch aus einer intensiven Neubautätigkeit nach dem großen Stadtbrand von 1725, der dafür gesorgt hat, dass in den Jahren danach ein einheitliches und geschlossenes Stadtbild entstanden ist, in dem eindeutig Fachwerk dominiert. Selbst das historische **Rathaus** *von 1727 ist als Fachwerkbau als solches erkenntlich; man hat hier auf das sonst häufige Verputzen der Fachwerkwände verzichtet. Die schmuckvoll gestalteten Haustüren und Toreinfahrten zeugen vom Wohlstand und machen den besonderen Charme der Stadt aus. Das imposante Gebäudeensemble der* **Bolbrüggeschen Mühle** *von 1831 dient seit 1923 bis heute der Stromproduktion. Große Gebäudeteile stehen leer und harren einer weiteren Nutzung.*

Bemerkenswert ist die Geschichte um den **Grabower Altar** *(1379–83) der backsteinernen gotischen* **Georgskirche***: der frühere Altar der Hamburger St.-Petri-Kirche gelangte im 18. Jh. nach Grabow, weil deren Kirche nach einem Brand den Altar verloren hatte. So blieb der Altar, einer der ältesten vollständig erhaltenen Flügelaltäre Norddeutschlands, von dem verheerenden Hamburger Brand von 1842 verschont. Seine Entdeckung in der Grabower Kirche brachte erst die Erforschung der mittelalterlichen Tafelmalerei Norddeutschlands in Gang. Heute steht er in der Hamburger Kunsthalle.*

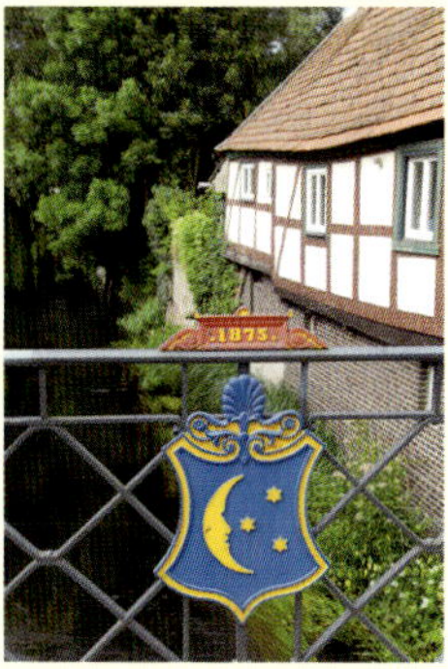

Sehr interessant ist auch das **Heimatmuseum** *in der alten* **Pfeffernuß- und Bisquitfabrik***. Neben der Ur- und Frühgeschichte erfährt man eine Menge über die Bisquitbäckerei und Mohrenkuß- und Keksherstellung, die bis heute Grabows Namen mit der Herstellung der bekannten* **„Grabower Küsschen"** *verbindet. Deren Herstellung kann man mitten in der Altstadt in einer* **Schaumanufaktur** *bestaunen und mit der Einkehr im Café oder einem Kauf einiger der zahlreichen Leckereien verbinden.*

Stadt Grabow
Am Markt 1, 19300 Grabow, Tel. (038756) 503-42, www.grabow.de

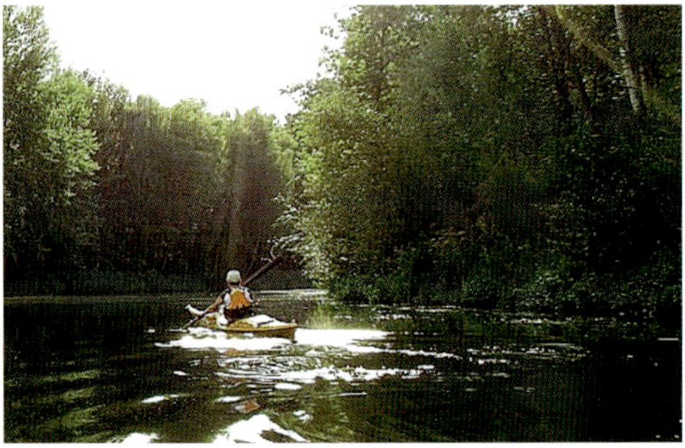

Hier kann man an einem Schwimmsteg gut anlegen, um der nach aufwendigen Restaurierungsarbeiten sich inzwischen in vollem Glanz wieder erstrahlenden Stadt **Grabow** einen Besuch abzustatten.

km 27,7 (94,2)

WWR Fresenbrügge (Eldekrug)
0172-171 52 99

Eine Zeltmöglichkeit mit komfortablen Sanitäranlagen nach Verlassen von Grabow findet sich zwei Kilometer weiter am *Wasserwanderrastplatz* **Fresenbrügge**. Wohnmobilisten wird für die Aufenthaltsdauer sogar ein Kanu kostenlos zur Verfügung gestellt.

Auch die folgende Strecke ist wieder sehr paddlerfreundlich – viel Natur ringsherum und es ist kaum spürbar, dass man auf einer künstlichen Wasserstraße unterwegs ist.

km 22,8 (99,1)

Schleuse
Selbstbedienung, keine Umtragemöglichkeit!

Mit der *Schleuse Güritz* wird die nächste Selbstbedienungschleuse *(ohne Umtragemöglichkeit)* erreicht und wir sind nun mitten in der „**Griesen Gegend**", *ein Sandergebiet, dessen Entstehung dem Zurückweichen der Gletscher der letzten Eiszeit zu verdanken ist. Der karge Sand- und Schotterboden hat zu der herb schönen Heidelandschaft mit ausgedehnten Kiefernwäldern geführt,* durch die wir jetzt auf **Eldena** zupaddeln.

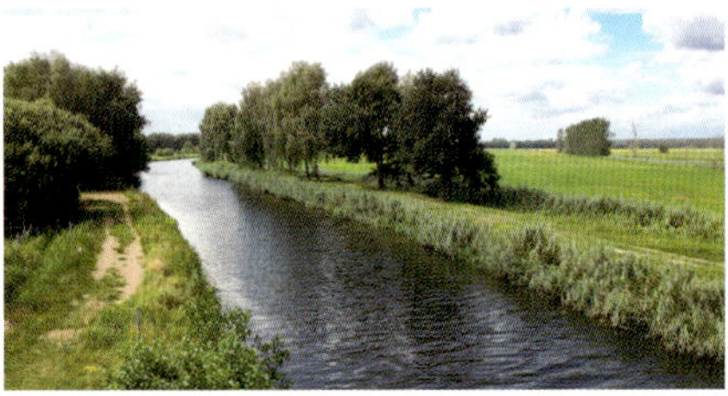

km 18 (103,9)

Schleuse
Selbstbedienung, keine Umtragemöglichkeit!

Die *Selbstbedienungsschleuse Eldena* kann ebenso wie die vorige Schleuse Güritz nicht umtragen werden. Unmittelbar hinter der Schleuse Eldena erreicht man den *Bootshafen* von **Eldena** mit einer großzügigen *Zeltwiese* und einem Gästewohnwagen. Im Hauptthaus

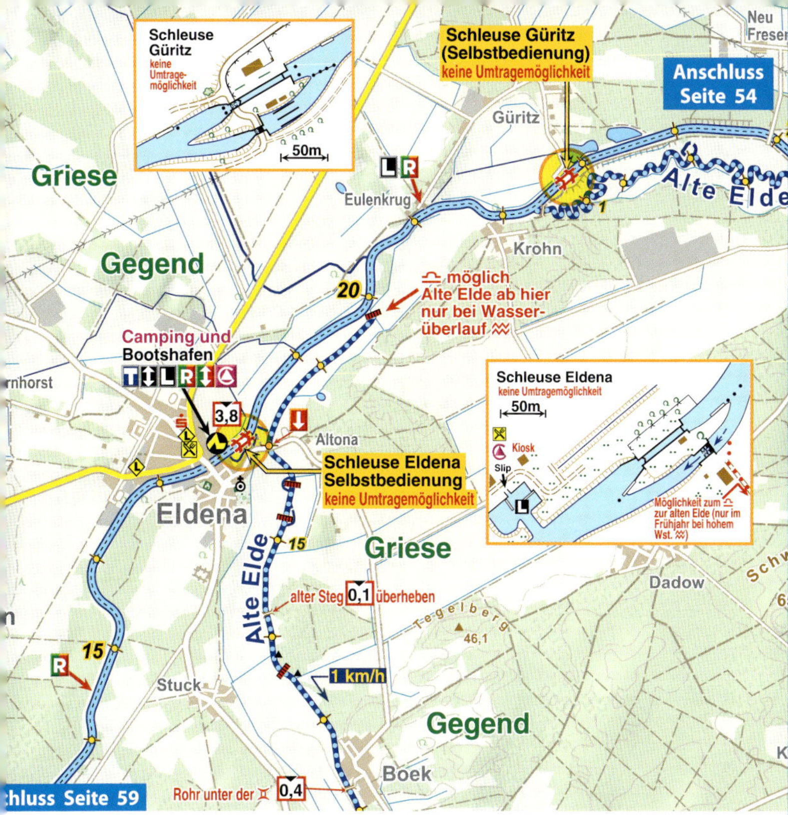

(Waschmaschine, Trockner) werden Getränke sowie ein Brötchenservie angeboten. Beim örtlichen Discounter am Ortseingang gibt es auch einen Imbiss. *Sehenswert ist im früheren Wohnort vieler Binnenschifferfamilien die 1835 im gotischen Stil erbaute* ***Dorfkirche***.

km 17,8 (104,1)

Camping & Bootshafen Eldena
(038755) 200 20

Bereits wenige Kilometer hinter Eldena gibt es mit dem *Campingplatz* **Neu Göhren** die nächste Rast- und Übernachtungsmöglichkeit für Paddler, hier

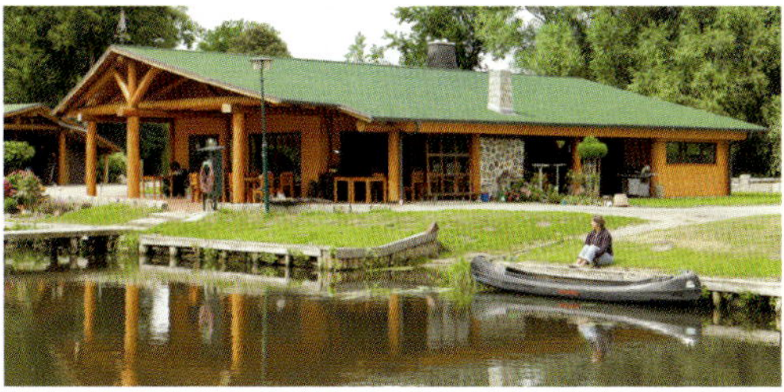

Der Bootshafen Eldena – ein sympathischer Übernachtungsplatz.

km 11,6 (110,3)

Campingplatz Neu Göhren
(038755) 203 09
u. 0162-244 16 57

auch mit einem Restaurant direkt am Platz. Wer es zur Abwechslung mal etwas bequemer mag, kann auch voll ausgestattete Wohnwagen und Mobilheime mieten.

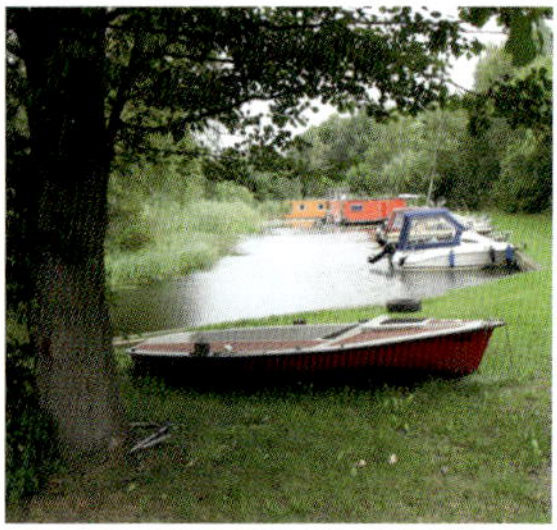

km 9,6 (112,3)

Campingplatz Am Wiesengrund
(038750) 210 60

Zwei Kilometer weiter geht es direkt vor der Schleuse Malliß rechts ab in knapp einem Kilometer über einen ***Ziegeleikanal*** zum *Campingplatz „Am Wiesengrund“ (Hütte, Ferienwohnung, Mietwohnwagen, Brötchenservice, Sauna)*. Auf dem sympathischen Platz kommt keine Langeweile auf – mit dem Mietrad oder dem Miettrabbi kann man die Gegend erkunden, mit dem SUP-Board eine morgendliche Ausfahrt wagen, am Abend in der Sauna entspannen und / oder das deftige Essen genießen. Kinder freuen sich über den Streichelzoo mit Schafen, Alpakas, Shetlandpony und Hängebauchschwein. Kaum zu glauben, dass das nahegelegene **Malliß** bis vor gar nicht so langer Zeit ein Bergbauort war.

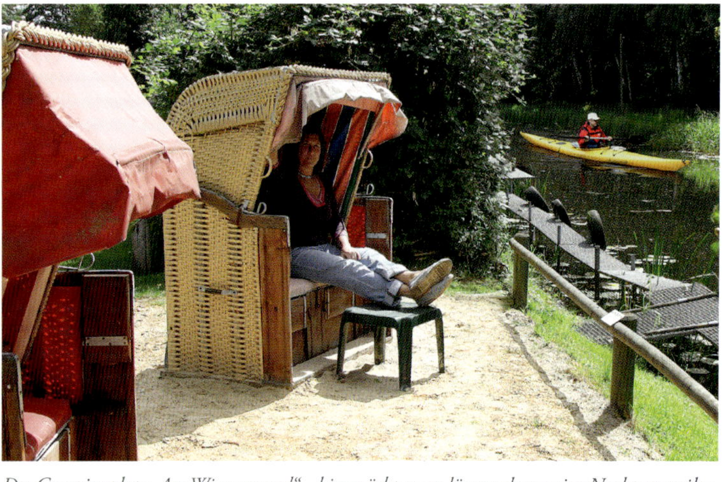

Der Campingplatz „Am Wiesengrund“ – hier möchte man länger als nur eine Nacht verweilen.

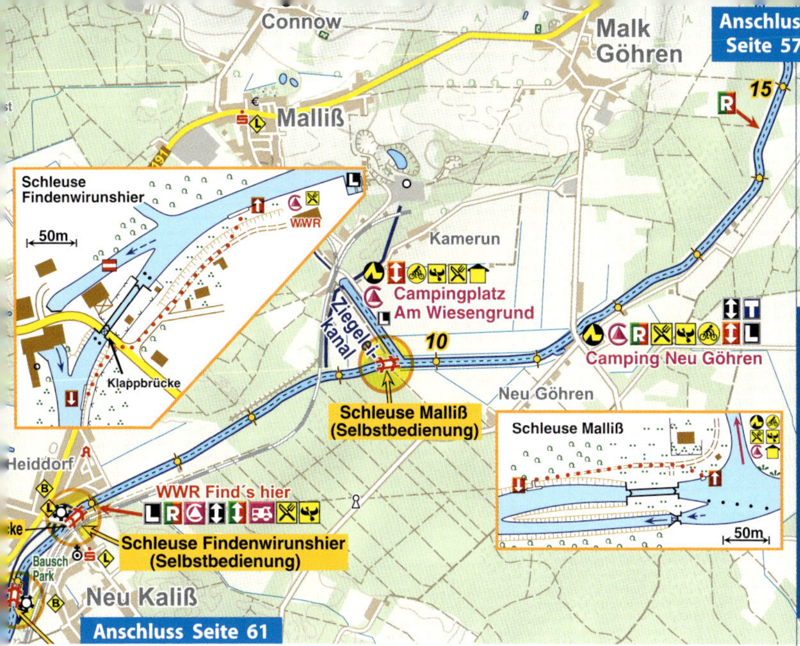

Von 1912 – 26 wurde Kali- und Steinsalz untertage abgebaut und von 1817 bis immerhin 1960 sogar Braunkohle. Übrig geblieben ist davon lediglich ein Bergbaudenkmal mitten in Malliß in Form einer Lok und einer Lore.

km 9,5 (114,3)

Schleuse *Selbstbedienung, umtragen möglich*

Wer den Abzweig zum Campingplatz „Am Wiesengrund" nicht paddeln, aber trotzdem eine Pause machen möchte, kann dies an der Umtragestelle der *Selbstbedienungsschleuse Malliß* tun.

km 6 (117,8)

WWR „Find´s hier"
0173-218 82 76

Empfehlenswert ist der unmittelbar vor der nächsten Schleuse in **Neu Kaliß** links liegende *Wasserwanderrastplatz „Find's hier".* Neben der Möglichkeit zu zelten gibt es ein sehr urig eingerichtetes Restaurant mit regionalen Spezialitäten und natürlich passenderweise auch leckeren Fisch.

km 5,8 (118)

Schleuse *Selbstbedienung, umtragen möglich*

Die *Selbstbedienungsschleuse „Findenwirunshier"* liegt auf Höhe der sich durch Müritz-Elde-Wasserstraße und Alte Elde ergebenden Insel und gleich dahinter die ehemalige backsteinerne Wassermühle von 1851.

„Findenwirunshier"

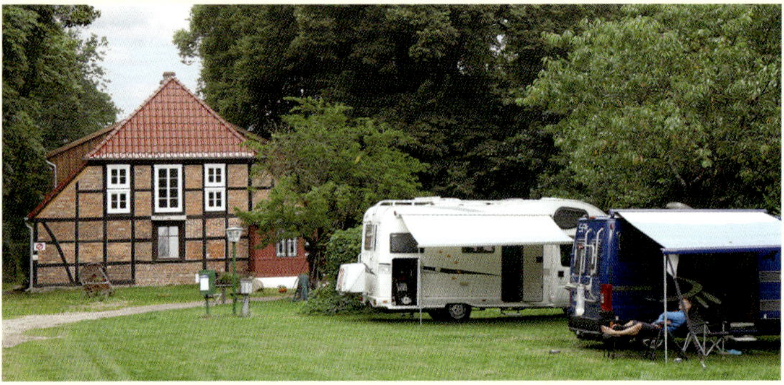

WWR „Find's hier" – der Platz liegt sehr ruhig, man kann am Kanal entlang spazieren gehen und sich danach in der Gastwirtschaft den gebratenen Zander schmecken lassen.

Der seltsame Name **„Findenwirunshier"** *soll einer Sage nach folgendermaßen entstanden sein: Zwei Brüder schworen sich, nach der Aufdeckung einer schaurigen Tat innerhalb der Familie, ewige Feindschaft und sogar den Tod. Ihre Tätigkeit als Offiziere in verschiedenen Armeen führte den einen nach Hamburg, den anderen nach Berlin. Auf einer ihrer Reisen standen sie sich unerwartet gegenüber und rissen zornig mit den Worten „Finden wir uns hier?!" gleichzeitig ihre Schwerter aus der Scheide und stürmten aufeinander los. Tot fiel das Brüderpaar zu Boden. Zur Erinnerung an den schrecklichen Mord gab man der später erbauten Mühle diesen Namen.*

Die **Wassermühle** *gehörte bis 1992 zu einer* **Papierfabrik** *dessen Papier als hervorragende Qualität großes Ansehen auf dem deutschen Markt und darüber hinaus erlangte. Seit ihrer Stilllegung ist sie ein Wasserkraftwerk und liefert den Strombedarf der gesamten Gemeinde. Der Sohn des Mitgründers Theodor Bausch, Viktor Bausch, wurde 1934 nach Denunziation kurzzeitig inhaftiert, weil er Juden und Künstlern half. Nach dem Krieg waren Unternehmer in der Besatzungszone nicht gelitten – sein Bruder Rudolf Bausch wurde in ein sowjetisches Speziallager verschleppt und gefoltert, wo er 1946 starb.*

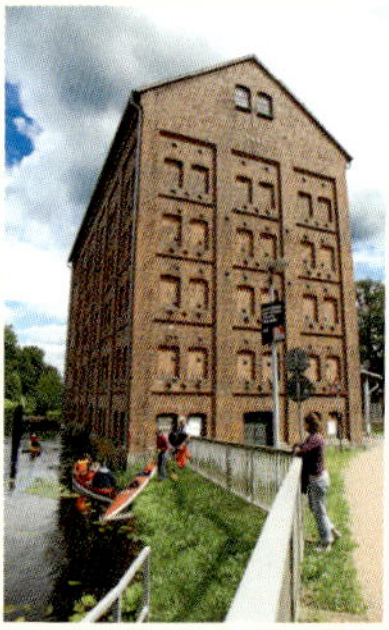

Sehenswert ist der **„Bausch-Park"**, *eine Parkanlage der ehemaligen Papierfabrik mit altem Baumbestand um die Villen der Besitzerfamilie Bausch. Das historische* **denkmalgeschützte Gebäudeensemble** *sowie der Park sind in ihrer Art einzigartig in Mecklenburg-Vorpommern. Auch das* **historische Fabrikgelände** *mit der gesamten ehemaligen Papierfabrik steht als Baudenkmal unter Denkmalschutz.*

Eine weitere Besonderheit ist die **Kirche** *von Neu Kaliß, die 1928 im Art Déco-Stil errichtet wurde und damit für Mecklenburg einmalig ist.*

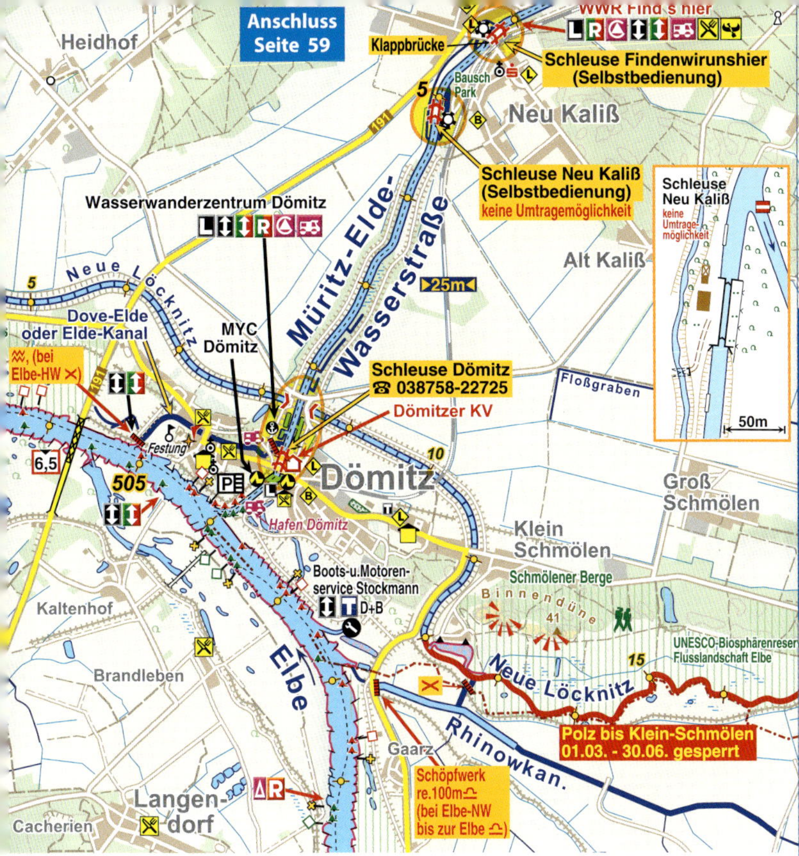

km 4,9 (118,9)

Schleuse
Selbstbedienung,
keine Umtragemöglichkeit!

Die folgenden knapp 900 Meter bis zur *Schleuse Neu Kaliß* sind eindeutig ein Kanal, da links die gesamte Strecke mit Spundwänden versehen ist. Jedoch sorgt das gesamte rechte Ufer mit dicht an dicht stehenden Brombeerbüschen zur Reifezeit eindeutig für eine Verlängerung der Reisezeit. An der Schleuse selbst besteht keine Umtragemöglichkeit.

km 1 (122,8)

WWZ Dömitz
0151-520 190 20

Das *Wasserwanderzentrum* **Dömitz** *(Einfahrt rechts kurz vor der letzten Schleuse der Müritz-Elde-Wasserstraße zur Elbe)* bietet sich für ein Tourenende an. Restaurants und Einkaufsmöglichkeiten liegen in fußläufiger Entfernung und auch die Stadt selbst mit

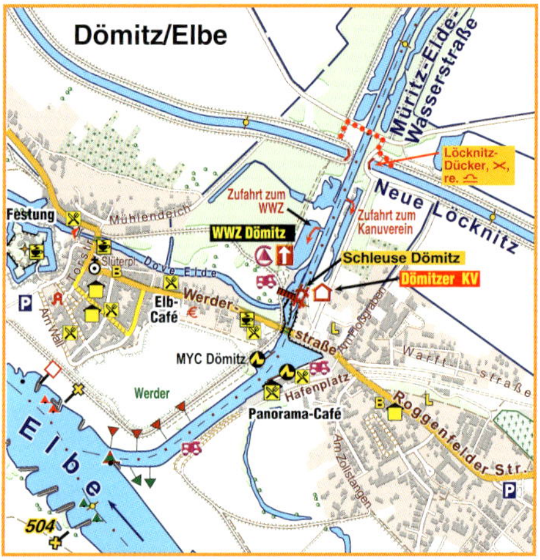

der ***Festung Dömitz*** und vielen malerischen Fachwerkhäusern lohnen eine Besichtigung. Besonders empfehlenswert ist das ***„Elb-Café“*** *(Werderstr. 5, 19303 Dömitz)*, hier kann man wunderbar ruhig im Garten sitzen und die regionale Küche genießen, und die auf dem Dach nistenden Störche beobachten. Wer eine fantastische Sicht auf Elbe und *Elbtalauen* genießen möchte, dem sei das ***Panorama-Café*** *(tgl. 7–18)* im ehemaligen ***Speicher*** des ***Dömitzer Hafens*** empfohlen. Hier kann man sich auch mit Fassbrause und regionalem Bier des Vielanker Brauhauses eindecken.

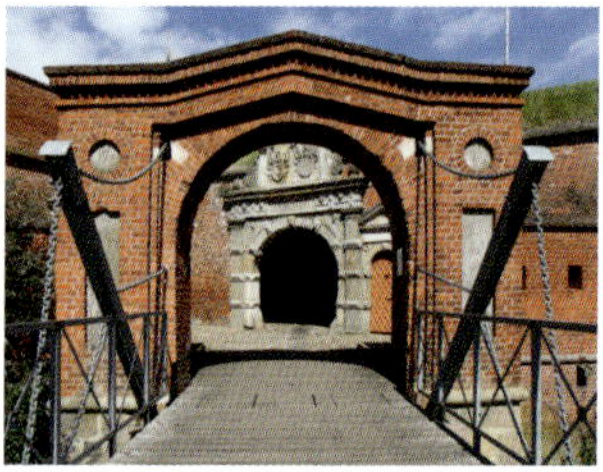

Eingang zur Festung Dömitz.

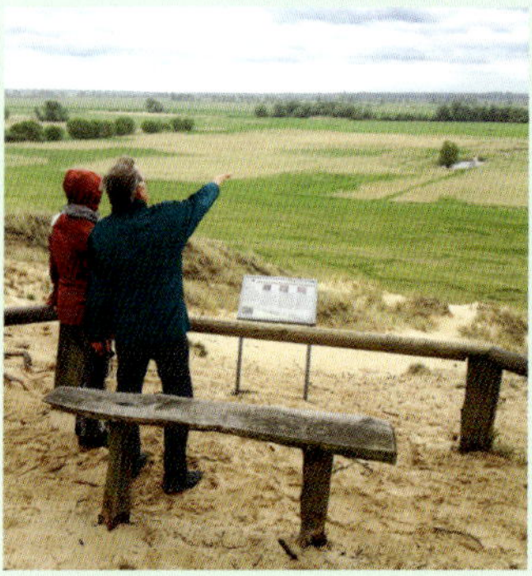

Wer Lust auf eine **Wanderung** hat, kann in **Klein Schmölen** in rund einer Stunde in die *„Schmölener Berge“*, der größten Binnenwanderdüne Europas wandern. Wer länger bleibt, dem sei eine Führung in den 400 Quadratkilometer großen Naturpark *„Mecklenburgisches Elbetal“* empfohlen, ein beliebter Rastplatz für Großvögel auf ihrem Flug ins Winterquartier.

Blick auf Dömitz

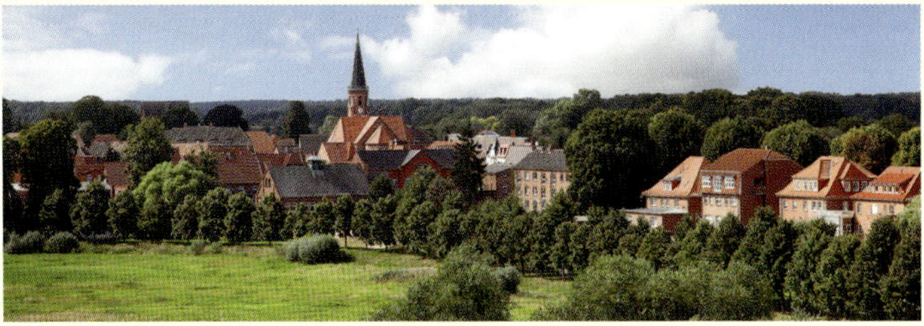

Nicht zu übersehen ist die **Festungsanlage** *dicht an der Elbe. Sie ist eine der wenigen Renaissancefestungen in Norddeutschland und wurde 1559 bis 1565 an Stelle einer bereits seit dem 13. Jahrhundert existierenden Burg in Form eines Pentagons angelegt; die Bastionen, Kasematten und der Graben ringsherum zeigen eindrucksvoll die Wehrarchitektur dieser Zeit. Heute beherbergt die Festung ein* **Museum** *zur Stadt Dömitz und der Region mit Ausstellungen zur Entwicklung der Stadt vom 17. Jahrhundert bis in die Gegenwart, zur Bedeutung der Elbschifffahrt und natürlich zur Geschichte der Festung sowie das* **NABU-Besucherzentrum Elbtalaue**. *Pulverkeller, das Kommandantenhaus, das Zeughaus und die Hauptwache sind neben den beeindruckenden Außenanlagen der Festung besonders sehenswert. In einer separaten* **Ausstellung** *wird auch an den bedeutenden niederdeutschen* **Schriftsteller Fritz Reuter** *(1810 bis 1874) erinnert, der in der Festung die letzten beiden Jahre seiner insgesamt mehr als 7-jährigen Haft verbrachte. Verurteilt worden war er zum Tode wegen „Teilnahme an hochverräterischen burschenschaftlichen Verbindungen und Majestätsbeleidigung", dann jedoch begnadigt zur Festungshaft. Über diese Zeit berichtet er in seinem Roman „Ut mine Festungstid", der 1862 erstmalig erschienen ist.*

Sehenswert ist auch das ehemalige **Karstadt-Kaufhaus** *im historischen Altstadtkern gegenüber der Johanneskirche. 1926 wurde der Bau fertiggestellt, die Fassade besteht aus dem typischen Blauklinker der Region und ist zeitlos schön. Das* **Rathaus Dömitz** *wiederum ist ein Fachwerkbau aus dem Jahre 1820 und ebenso sehenswert wie eine Vielzahl der in den letzten Jahren aufwendig restaurierten* **historischen Gebäude**. *Zu DDR-Zeiten lag Dömitz direkt an der innerdeutschen Grenze; dementsprechend gab es reichlich* **Sperranlagen**, *ein kleines Stück davon steht zur Erinnerung zwischen der Festung Dömitz und der Elbe.*

Die alte **Steinschleuse** *in unmittelbarer Nähe zur Festung Dömitz sollte ebenfalls besichtigt werden, immerhin wurde sie bereits 1568-1572 im Zuge des Baus der neuen Elde von Eldena nach Dömitz gebaut und dürfte damit eine der ältesten erhaltenen Schleusen sein, auch wenn sie seit dem Umbau und der Erweiterung der Müritz-Elde-Wasserstraße in den Jahren 1831 bis 1837 nur noch dem Hochwasserschutz dient.*

Dömitz Tourist-Information

Rathausplatz 1, 19303 Dömitz, Tel. (038758) 221 12, www.doemitz.de

Teil 2 – Von Buchholz bis Plau am See

Aktivitäten	Natur	Kultur	Baden	Hindernisse
★★☆☆	★★★☆	★★☆☆	★★★☆	☆☆☆☆

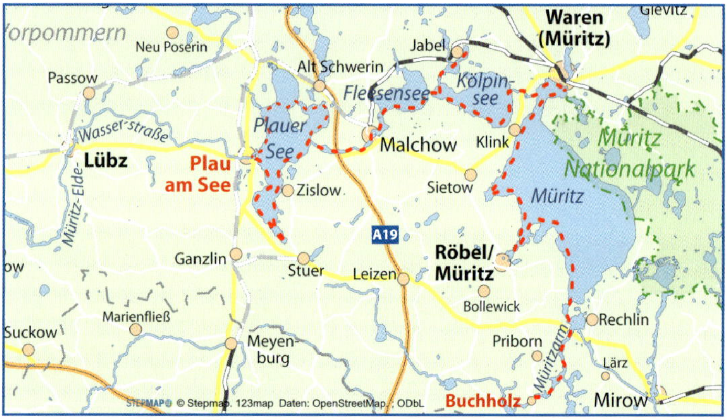

Charakter der Tour

Unweit des Altenhofer Ortsteils **Darze** befindet sich die Quelle der ***Elde***, die zunächst durch flaches und sumpfiges Gebiet nach Südosten fließt. Bei **Priborn / Buchholz** erreicht sie den ***Müritzsee***, ist hier erstmals schiffbar, und setzt dann über den ***Müritzarm***, die ***Kleine Müritz*** und schließlich über die Mecklenburgischen Großseen ihren Weg fort. Die Strecke führt über die großen und damit sehr windanfälligen Seen Müritz, Kölpinsee, Fleesensee und Plauer See, je nach genauer Streckenführung werden da aus den offiziell „nur" 59 km schnell fast doppelt so viele. Die Wellen können beeindruckend hoch werden und selbst bei komplettem Abflauen des Windes schwingt die Dünung nach einem Sturm noch mehrere Stunden nach!

Eine durchgehende Befahrung dieser Großseen ist **NUR** im seetüchtigen Kajak von erfahrenen Paddlern machbar.

Eine Fahrt entlang des **Ostufers der Müritz** *(wegen Naturschutzgebiet keine Anlandemöglichkeit!)* bis nach Waren ist **praktisch nicht möglich**.

Auf der gesamten Strecke sind ***Pausentage einzuplanen***, um ungünstige Wetterverhältnisse „aussitzen" zu können. Am besten nutzt man die frühen Morgenstunden, da dann der Wind noch nicht aufgefrischt hat.

Ab der Mittagszeit sollte man sein Tagesziel erreicht haben und den Rest des Tages für Besichtigungen und Ausflüge nutzen. Oft erst am Abend flaut der Wind wieder ab. Für Kanadierfahrer sind Teilbereiche unter genauer Beobachtung der Wetterverhältnisse als Tagestour gut befahrbar, dies sind

insbesondere der ***Müritzarm*** von **Buchholz km 180 (0)** bis **Vipperow km 172 (11)** und der Bereich um **Malchow (km 135 (68,5)** bis **Lenz km 126,4 (77)** sowie die Buchten vor **Röbel** und **Waren** (***Binnenmüritz***).
Kurze Badetouren sind natürlich bei entsprechender Witterung auch von jedem Campingplatz aus möglich.
Auf der gesamten Strecke passiert man ***Naturschutzgebiete*** die durch ***gelbe Bojen markiert*** sind – hier muss man Abstand halten.
Ansonsten wird das teils schilfige Ufer immer wieder von herrlichen ***Sandstränden*** unterbrochen, an denen es sich gut rasten und baden läßt. ***Malerische Orte*** wie Röbel, Waren, Malchow oder Plau haben ihr kulturelles Erbe bewahrt und laden zu einem Stadtbummel oder einer Pause in einem der Cafés an der Hafenpromenade ein.

Sehenswürdigkeiten (in der Reihenfolge des Tourenverlaufs)

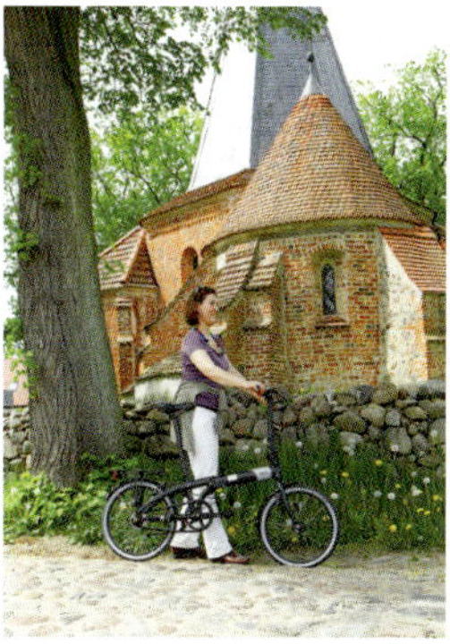

Buchholz: Frühgotische *Backsteinkirche.*
Vipperow: *Dorfkirche* (13. Jh.), *Straußenhof Brandt* (Produktverkauf, Führungen, 3 km).
Zielow: *Fachwerkkirche* (1833).
Ludorf: Seltene *achteckige Oktogonkirche* (um 1150, *Foto rechts*), *Gutshaus* (1698) und *Heimatmuseum.*
Röbel: *Rathaus* von 1805 im klassizistischen Stil, *ehemalige Synagoge, Marienkirche* (13. Jh.), *Nikolaikirche* (um 1280), *Stadtmuseum „Heimatstuben“, Galerieholländermühle* (1802 bis 1825), eine Vielzahl von *Fachwerkhäusern* in der langgestreckten Altstadt. ***Stadtfeste:*** *Seefest* am dritten Wochenende im *Juli*, *Fischerfest* im *Frühsommer*, *„Röbel live“ Ende August/Anfang September.*

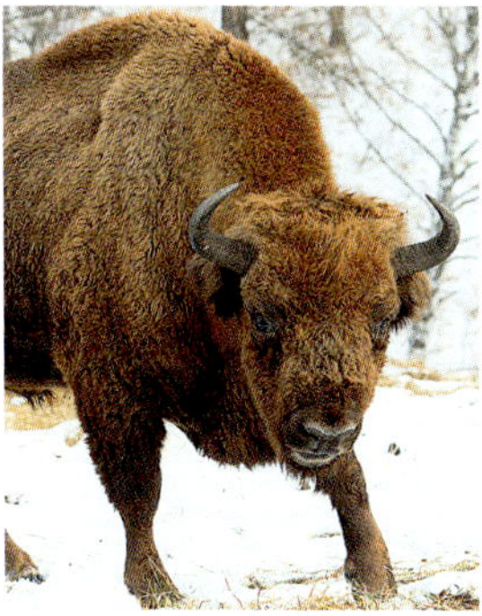

Sietow-Dorf: *Dorfkirche* (13. Jh.) aus Back- & Feldstein mit Fachwerkturm.
Klink: *Schloss Klink* (heute Hotel) 1898 im Neorenaissance-Stil erbaut, turmlose *Dorfkirche* (1736), *Salzgrotte* (Tel. (03991) 634 64 20, www.salzgrotte-klink.de).
Waren: siehe „Blick auf“ (Seite 81).
Damerow: *Wisentgehege (Foto links).*
Jabel: *Dorfkirche* (1868) mit dem Grab des Küsters Heinrich Suhr dem Fritz Reuter ein literarisches Denkmal setzte.
Malchow: siehe „Blick auf“ (Seite 87).

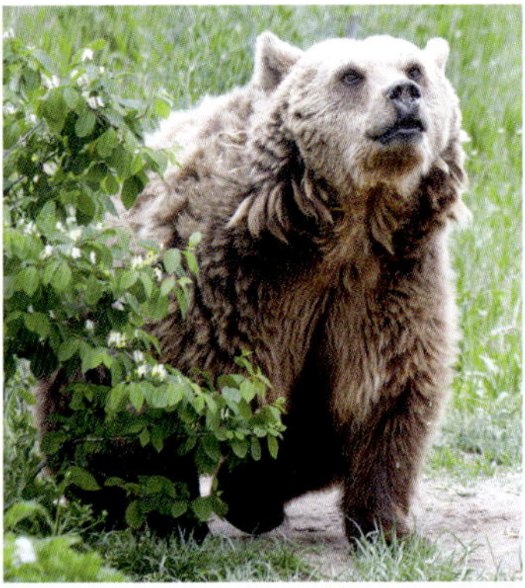

Zislow: *Achteckige Fachwerkkirche* (1749).

Bad Stuer: *Dorfkirche* (18. Jh.) mit Patronatslogen und einem Altaraufsatz (15. Jh.), *Burgruine*, *„Tal der Eisvögel“*, *„Bärenwald“* (*Foto links*).

Plau am See: „Blick auf“ (Seite 31).

Sonstige Aktivitäten

Paddeln

1. Über Vipperow / Rechlin entlang des ***Müritz-Ostufers*** zum ***Bolter Kanal*** und von dort Richtung Mirow (*s. KANU KOMPAKT Mecklenburgische Kleinseen 1*).
2. Von Vipperow über die ***Müritz-Havel-Wasserstraße*** Richtung Mirow und weiter über die ***Mecklenburgische Kleinseenplatte*** (*s. KANU KOMPAKT Mecklenburgische Kleinseen 1 & 2*).
3. Von Jabel per Kanu-Shuttle (*„Wasserfreizeit Kösters Eck“, Tel. (03994) 22 36 65 und 0174-917 67 37*) nach Dahmen und von dort über den ***Malchiner See*** und die ***Peene*** entweder in die ***Tollense***, die ***Trebel*** oder in den ***Peenestrom*** nach Usedom (*s. KANU KOMPASS Mecklenburg*).

Wandern

1. Auf dem ***Müritz-Nationalpark-Weg*** (169 km Rundweg von Waren – Wesenberg – Carpin – Neustrelitz – Waren).
2. Auf dem 15 km langen ***Glienholz-Wanderweg*** von Röbel zum seerosenbedeckten ***Rohrteich***.
3. Von Waren auf dem 8 km langen ***Rundweg*** um den ***Tiefwarensee***.
4. Vom Campingplatz „Ecktannen“ um den ***Feisnecksee*** (ca. 10 km).

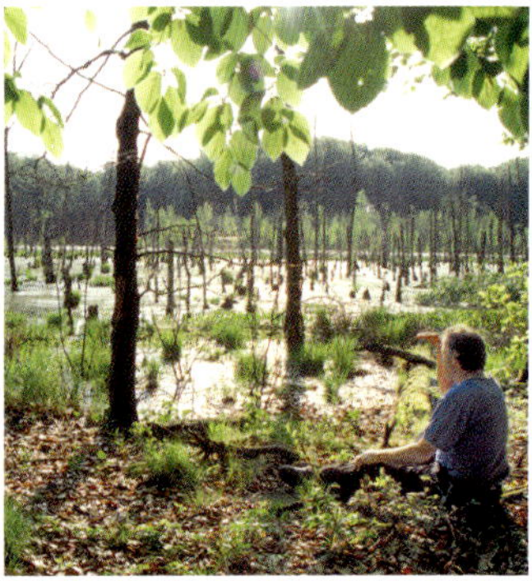

Radfahren

1. ***Müritz-Radrundweg*** (88 km) über Vipperow oder über Buchholz, Sewekow (112 km).
2. Von Waren auf dem ***Havelradweg*** zur Havelquelle bei Ankershagen (*Heinrich Schliemann-Museum, Entdecker von Troja*).
3. Tagestour von Waren in den ***Müritz-Nationalpark***.

4. Von Malchow über ***Alt Schwerin*** *(agrarhistorisches Museum)* – um den glasklaren ***Drewitzer See*** (NSG) – Nossentiner Hütte – Sparow *(Teerschwelergehöft)* – Malchow.

Literatur- & Kartenhinweise

Siehe Literatur- & Kartenhinweise Seite 29.

Etappenvorschlag

1.Tag: Buchholz – Campingplatz Pappelbucht (23 km)
2.Tag: Camping Pappelbucht – Campingplatz Kamerun (20,8 km)
3.Tag: Campingplatz Kamerun – Segelverein Malchow (25,4 km)
4.Tag: Segelverein Malchow – Plau am See (26,8 km)

Adressen

Alle Adressen zu Übernachtung, Kanuvermietern, usw. sind im Adressteil ab Seite 94 in alphabetischer Reihenfolge der Orte aufgeführt.

Anreise mit dem Auto

Autobahn A 19 (Richtung Rostock) bis zur Abfahrt 20/Wittstock, dort auf der B 189 und Landstraßen über Wittstock bis Buchholz.

Anreise Bus & Bahn

Mit der Bahn nach Wittstock, weiter mit dem Bus 023 nach Röbel, umsteigen in den Bus 017 nach Buchholz *(keine Kanuvermietung vor Ort)*.

Einsetzstelle

Badestelle **Buchholz** *(Navi: Dorfstraße 21, 17209 Buchholz)*

Aussetzstelle

Am Wasserwanderrastplatz der Stadtmarina **Plau am See** *(Navi: Dammstraße 25)*.

Zurück zum Pkw

Von Plau am See mit dem Rufbus 016 *(Tel. (03991) 64 50, Anmeldung bis 16 Uhr des Vortages)* in knapp einer Stunde bis Röbel. Von dort mit dem Taxi (14 km) oder 3,5 Std. später mit dem Bus 017 in 30 Minuten nach Buchholz.

Wer die gesamte Strecke von Buchholz bis Dömitz paddelt, fährt mit dem Bus nach Ludwigslust und von dort mit der Bahn nach Wittenberge und weiter mit dem Regional-Express nach Wittstock (Fahrzeit zwischen 2,5 und 3,5 Std.). Von dort mit dem Taxi (20 km) nach Buchholz.

Man sollte am frühen Morgen starten, da sonst keine Anschlüsse mehr erreicht werden (Info: www.bahn.de).

Länge und Dauer der Tour

96 Kilometer, wenn das Wetter mitspielt in vier bis fünf Tagen problemlos machbar.

Bootswagen

Ein Bootswagen ist zwar nicht zwingend erforderlich, kann aber sinnvoll sein, da die besten Übernachtungsmöglichkeiten oft ein Stück vom Wasser weg sind.

Von Buchholz nach Plau am See

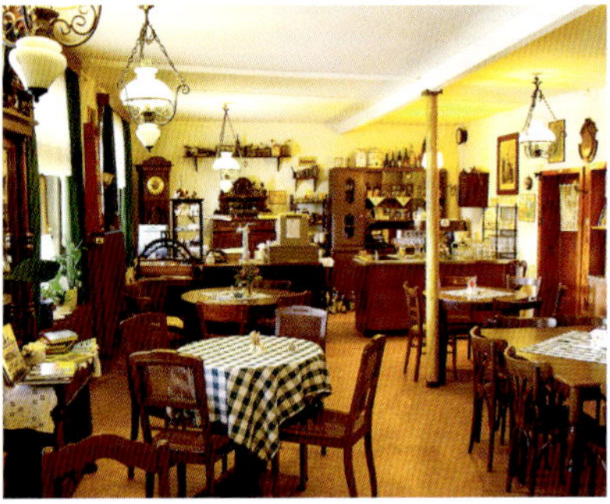

Das kleine Dorf **Buchholz** galt schon in den 1920er- und 1930er-Jahren als Sommerfrische für viele Berliner. *Der Gasthof „Zu den drei Linden" mit seiner urigen Einrichtung aus jener Zeit zeugt davon. Einige Bekanntheit hat Buchholz und der Gasthof auch durch Dreharbeiten für den 1976 ausgestrahlten DDR-Fernsehfilm „Daniel Druskat" mit Manfred Krug und Angelica Domröse erlangt*. Tür an Tür mit dem Schankraum gibt es einen winzigen nostalgischen Laden mit Dingen des täglichen Bedarfs.

km 180 (0)

Buchholz-Camp
(039923) 24 57

Gaststätte „Zur Hafenmeisterei"
(039923) 712 00

Die Badestelle unterhalb des einfachen *Campingplatz Buchholz-Camp* unweit des *Yachthafens* ist der ideale Startpunkt dieser Tour. Das Auto kann oben im Straßendorf geparkt werden. Wer nicht im Zelt schlafen möchte, findet ein Bett in der Gaststätte *„Zur Hafenmeisterei"* im Yachthafen.

Der schmale ***Müritzsee***, der unmerklich in den ***Müritzarm*** übergeht, ist wenig windanfällig. Tagestouren von hier bis zur ***Kleinen Müritz*** bei **Vipperow** oder ein Abstecher über den ***Thüren*** in den südlich gelegenen ruhigen ***Nebelsee***, sind auch für Familien und Kanadierfahrer ein schönes Erlebnis. Einige Badebuchten und der geringe Motorbootverkehr unterstreichen die Familientauglichkeit.

km 176,5 (3,5)

Pension „Zum Wassermann"
(039923) 21 09

Linkerhand kommen am Wasser einige Fischerhäuser in Sicht, zwischen denen der Blick auf die ausgeschilderte Anlegestelle zur *Pension „Zum Wassermann"* fäll. Für komfortbewusste Paddler eine gute Gelegenheit schon vor der Tour in einem der Ferienzimmer ein paar Tage zu verbringen und dann hier die Paddeltour zu starten.

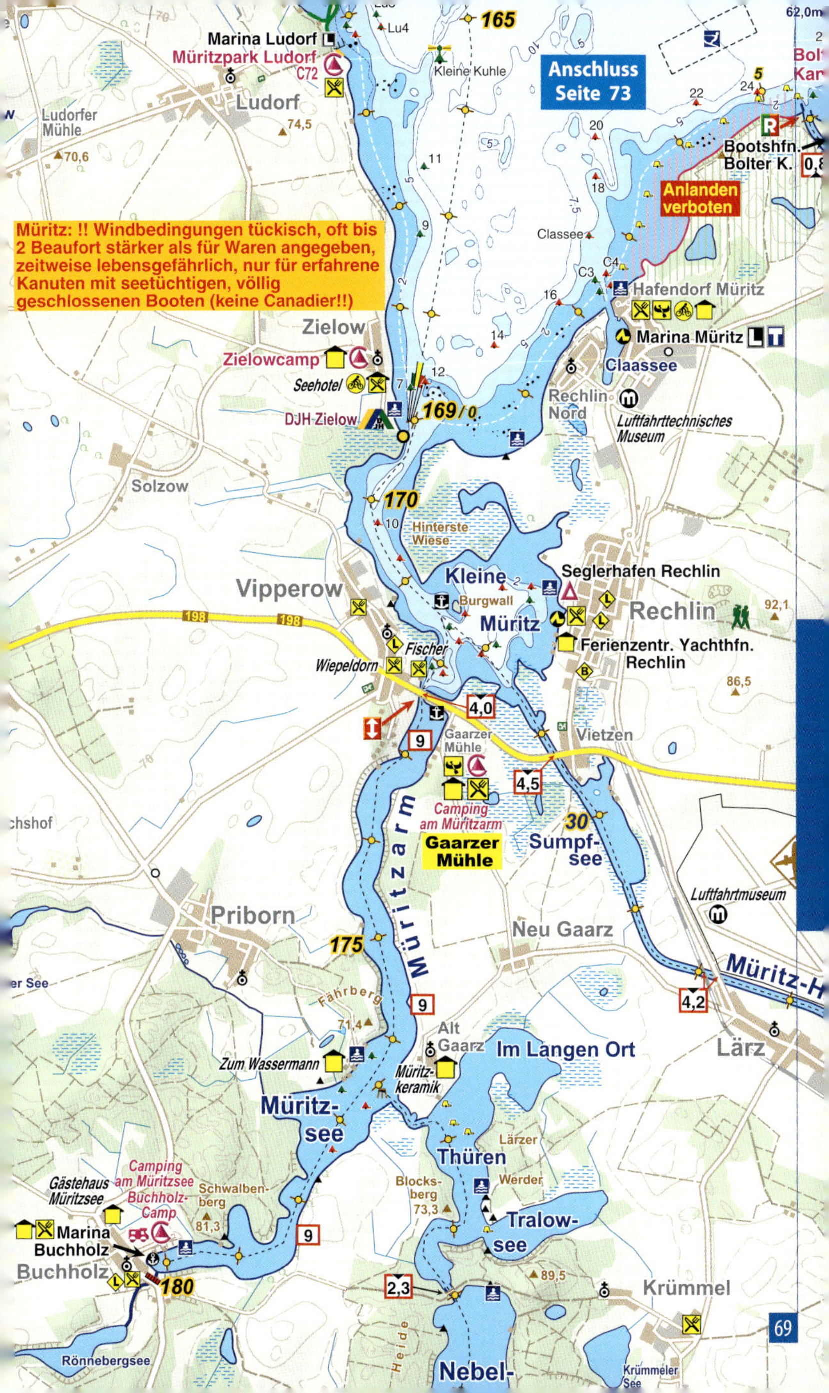

Marina Ludorf
Müritzpark Ludorf
C72
Ludorf
Ludorfer Mühle
74,5
70,6
165
Lu4
Kleine Kuhle
Anschluss Seite 73
62,0m
22
24
5
20
18
Bootshfn. Bolter K.
Anlanden verboten
Classee
C3
C4
16
14
Hafendorf Müritz
Marina Müritz
Claassee
Rechlin Nord
Luftfahrttechnisches Museum
Müritz: !! Windbedingungen tückisch, oft bis 2 Beaufort stärker als für Waren angegeben, zeitweise lebensgefährlich, nur für erfahrene Kanuten mit seetüchtigen, völlig geschlossenen Booten (keine Canadier!!)
Zielow
Zielowcamp
Seehotel
DJH Zielow
12
169/0
Solzow
170
Hinterste Wiese
Vipperow
198
Kleine Müritz
Burgwall
Seglerhafen Rechlin
Rechlin
92,1
Fischer
Wiepeldorn
Ferienzentr. Yachthfn. Rechlin
86,5
4,0
9
Gaarzer Mühle
Vietzen
4,5
Camping am Müritzarm
Gaarzer Mühle
30
Sumpf-see
Müritzarm
Luftfahrtmuseum
Priborn
Neu Gaarz
175
Fährberg
71,4
9
Müritz-H
4,2
Alt Gaarz
Im Langen Ort
Lärz
Zum Wassermann
Müritz-keramik
Müritz-see
Lärzer
Thüren
Werder
Camping am Müritzsee
Gästehaus Müritzsee
Buchholz-Camp
Schwalben-berg
81,3
Blocks-berg
73,3
Tralow-see
Marina Buchholz
9
Buchholz
180
2,3
89,5
Krümmel
Rönnebergsee
Heide
Nebel-
Krümmeler See

km 172,6 (7,7)

Camping am Müritzarm
01577-337 17 07

Kanuverleih Gaarzer Mühle
0174-425 01 65

Kurz vor der Brücke der Bundesstraße 198 bietet sich am rechten Ufer an der **Gaarzer Mühle** mit dem *Camping am Müritzarm* (*Gaststätte*) die Gelegenheit für eine Übernachtung im Zelt oder alternativ im Mietwohnwagen oder einem Campingpod, wie die stylischen Holzhütten heißen. Direkt an der sandigen Badestelle gibt es auch eine *Kanuvermietung*.

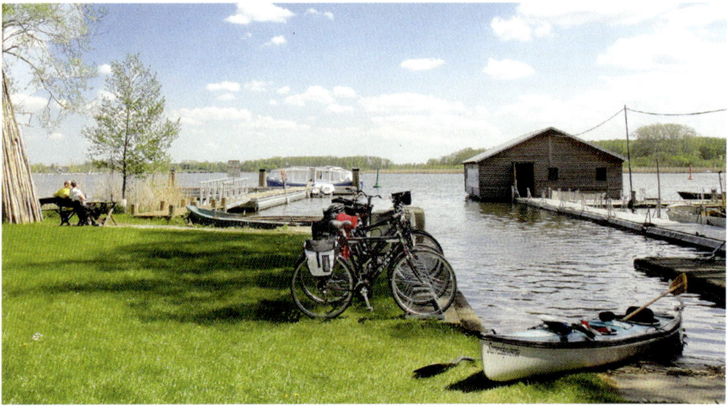

Beim Fischer in Vipperow decken sich nach der Einkehr viele Paddler noch mit Räucherfisch ein.

km 172,5 (8)

Am linken Ufer unmittelbar vor der Straßenbrücke kann man an einer *offiziellen Einsetzstelle* gut anlegen um **Vipperow** mit seiner sehenswerten ***Feldsteinkirche***, der ältesten in der Müritz-Region, einen Besuch abzustatten. *Sie verfügt über einen wertvollen Schnitzaltar (um 1500) und gotische Wandmalereien des Jüngsten Gerichts aus dem 14. Jahrhundert, steht meist offen und kann besichtigt werden. Historisch bedeutsam sind Ort und Kirche durch den hier 1988 tagenden Vipperower Kirchenkreis unter Leitung des Pfarrers Markus Meckel, dem späteren Außenminister der letzten DDR-Regierung und Mitgründer der Sozialdemokratischen Partei der DDR.* Wer nach der Kirchenbesichtigung schon Hunger hat, kehrt im lauschigen Biergarten des nahen *Restaurant Wiepeldorn* ein und genießt die leckere saisonale Küche mit mecklenburgischem Einschlag.

Restaurant Wiepeldorn
(039923) 71 80 23
tgl. 11.30–21
(Di Ruhetag)

Mit der Straßenbrücke wird aus dem Müritzarm die ***Kleine Müritz***, die gar nicht so klein ist und bei Wind schon recht heftigen Seegang aufweisen kann.
Gleich links weist ein Schild schon auf die nächste Pausengelegenheit hin, die *Müritzfischer Vipperow*. Leckere Fischbrötchen, aber auch richtige Fischgerichte werden hier serviert.
Hinter den Müritzfischern geht es Richtung Nordwesten und kurz darauf wird die ***Kleine Müritz*** für zwei Kilometer etwas schmaler, bevor es hinaus auf den größten Binnensee Deutschlands geht, die ***Müritz***. *Der Name Müritz stammt vom slawischen morcze = „kleines Meer", aber eigentlich ist es schon eher ein großes Meer, das nördliche Ufer bei Waren ist nicht zu erkennen, kein Wunder bei einer Nord-Süd-Ausdehnung von 29 Kilometern, die Ost-West-Ausdehnung beträgt auch noch immerhin 13 Kilometer.*

km 171,3 (9)

Fischerhof Vipperow
(039923) 25 34

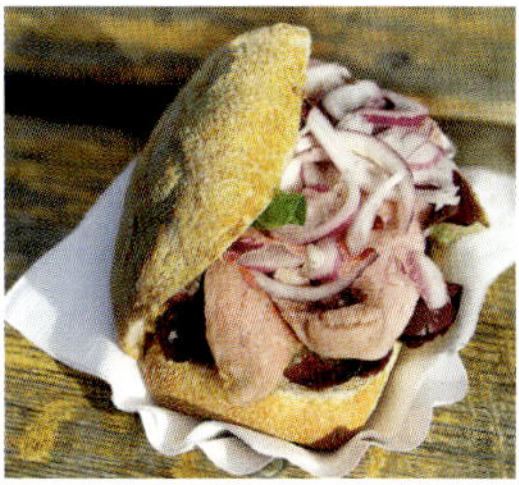

Unmittelbar nach der Einfahrt auf die ***Müritz*** liegt am Westufer, an das wir uns hier sowieso halten, die *Jugendherberge* **Zielow**, eine Möglichkeit direkt am Ufer der Müritz in einer festen Unterkunft zu übernachten.

km 169,3 (11)

Jugendherberge Zielow
(039923) 25 47

Nur wenige hundert Meter nach der Jugendherberge kommt der ausgeschilderte private Badestrand des *Campingplatzes Zielow* in Sicht. Der idyllisch auf einem ehemaligen Bauernhof gelegene Campingplatz ist ca. 400 Meter landeinwärts entfernt, mit einem guten Bootswagen ist das aber kein Problem.

(km 11,5)

Campingplatz & Ferienwohnung
(039923) 24 20

Ein Stück weiter, direkt am Ufer der Müritz oberhalb eines Stegs, liegt das *Seehotel Zielow*. Hausgäste können die Sauna und das hoteleigene Schwimmbad nutzen.

Seehotel Zielow
(039923) 702-0

Entlang sanft geschwungener Hügel und Felder erreicht man nach rund drei Kilometern den direkt an der Müritz liegenden *Campingplatz Müritzpark Ludorf (schöner Sandstrand, Restaurant)*. *Auf dem Platz steht seit ca. 250 Jahren eine Eiche, deren 8,60 Meter Umfang*

(km 14,6)

Müritzpark Ludorf
(039931) 516 40

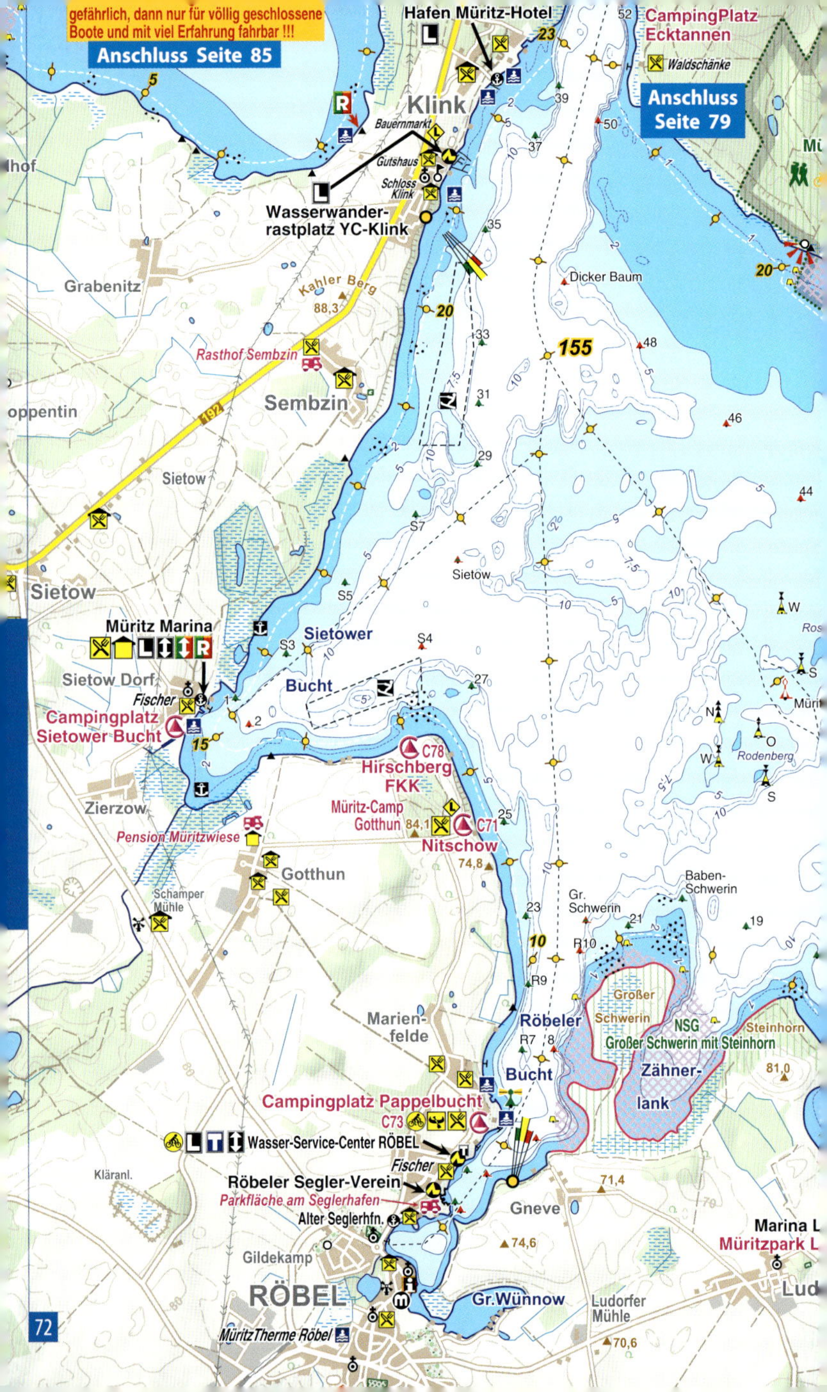

gefährlich, dann nur für völlig geschlossene Boote und mit viel Erfahrung fahrbar !!!
Anschluss Seite 85
Hafen Müritz-Hotel
CampingPlatz Ecktannen
Waldschänke
Anschluss Seite 79
Klink
Bauernmarkt
Gutshaus
Schloss Klink
Wasserwander-rastplatz YC-Klink
Grabenitz
Kahler Berg
88,3
Dicker Baum
155
Rasthof Sembzin
Sembzin
oppentin
192
Sietow
Sietow
Sietow
Müritz Marina
Sietow Dorf
Fischer
Campingplatz Sietower Bucht
Sietower Bucht
Rodenberg
Zierzow
Hirschberg FKK
C78
Müritz-Camp Gotthun
84,1
C71
Nitschow
74,8
Pension Müritzwiese
Gotthun
Schamper Mühle
Baben-Schwerin
Gr. Schwerin
Großer Schwerin
NSG
Großer Schwerin mit Steinhorn
Steinhorn
Zähner-lank
81,0
Marien-felde
Röbeler Bucht
Campingplatz Pappelbucht
C73
Wasser-Service-Center RÖBEL
Fischer
Röbeler Segler-Verein
Parkfläche am Seglerhafen
Alter Seglerhfn.
Kläranl.
Gneve
71,4
74,6
Marina L
Müritzpark L
Gildekamp
RÖBEL
Gr.Wünnow
Ludorfer Mühle
70,6
MüritzTherme Röbel

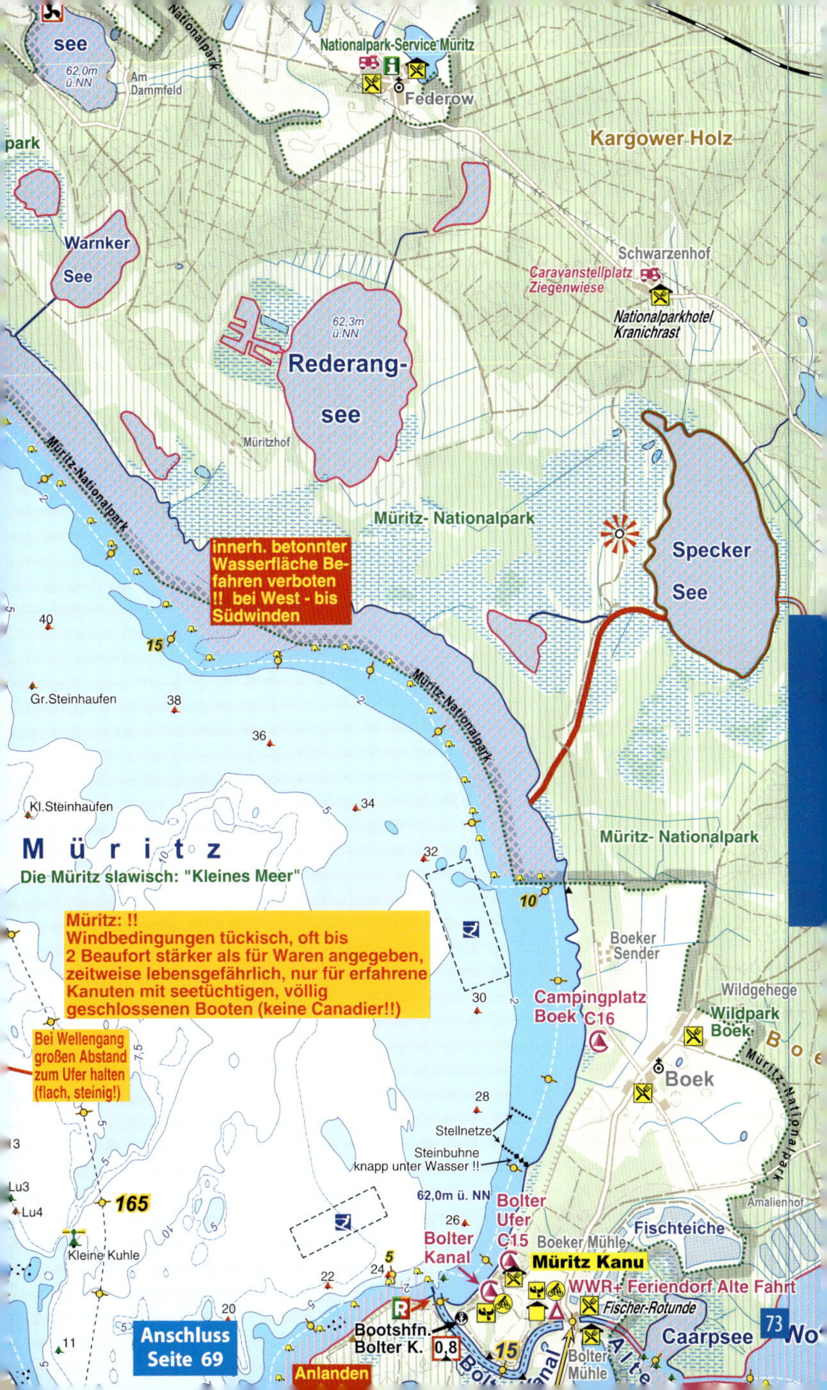

Nationalpark-Service Müritz
Federow
Am Dammfeld
62,0m ü.NN
Kargower Holz
Warnker See
Rederang-see
62,3m ü.NN
Müritzhof
Schwarzenhof
Caravanstellplatz Ziegenwiese
Nationalparkhotel Kranichrast
Müritz-Nationalpark
Müritz- Nationalpark
Specker See
innerh. betonnter Wasserfläche Befahren verboten !! bei West - bis Südwinden
Gr.Steinhaufen
Kl.Steinhaufen
M ü r i t z
Die Müritz slawisch: "Kleines Meer"
Müritz: !! Windbedingungen tückisch, oft bis 2 Beaufort stärker als für Waren angegeben, zeitweise lebensgefährlich, nur für erfahrene Kanuten mit seetüchtigen, völlig geschlossenen Booten (keine Canadier!!)
Bei Wellengang großen Abstand zum Ufer halten (flach, steinig!)
Boeker Sender
Wildgehege
Wildpark Boek
Campingplatz Boek C16
Boek
Stellnetze
Steinbuhne knapp unter Wasser !!
62,0m ü. NN
Bolter Ufer C15
Bolter Kanal
Boeker Mühle
Fischteiche
Amalienhof
Müritz Kanu
WWR+ Feriendorf Alte Fahrt
Fischer-Rotunde
Kleine Kuhle
Bootshfn. Bolter K.
Bolter Mühle
Caarpsee
Anlanden
Anschluss Seite 69

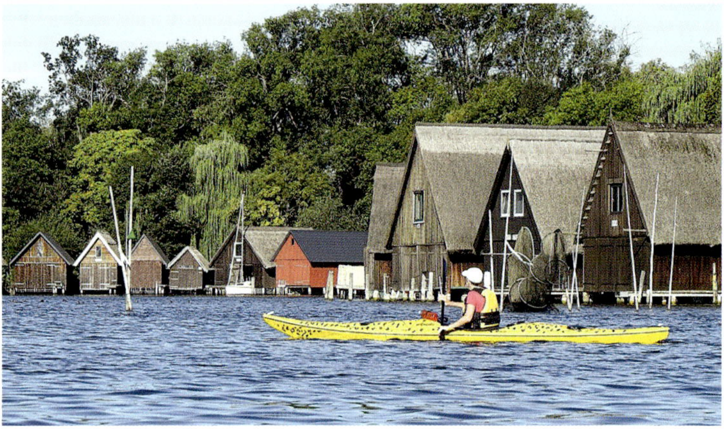

Bootshäuser in Röbel.

messender Stamm sich in drei Stelzen aufgeteilt hat. Somit ist sie eine von zwei bekannten „Stelzeneichen" Deutschlands. Highlight des Ortes **Ludorf** *ist jedoch die achteckige Ludorfer Kirche, ein besonderes Kleinod, das 1346 der Kirche des Heiligen Grabes in Jerusalem nachempfunden wurde. Sie ist, wie die Kirchen in Vipperow, Zielow und Röbel, unbedingt einen Besuch wert!*

Weiter geht es entlang des wieder mit Schilf bewachsenen Ufers, das immer wieder mit zum Baden und zur Rast einladenden sandigen Buchten durchsetzt ist.

(km 17 bis 18) Ab hier liegen große Steine im flachen Wasser, die bei Wellengang teils kaum zu sehen sind, es ist also empfehlenswert, die ***Halbinsel Steinhorn*** in relativ großem Abstand vom Ufer zu umrunden.

(km 18) **NSG** Die jetzt folgende ***Bucht Zähnerlank*** ist aus *Naturschutzgründen* auch für Paddler gesperrt und darf nicht befahren werden, die gesperrten Flächen sind wie üblich mit den rot-weiß-roten Schildern auf gelben Bojen markiert. An die Markierungen sollte man sich auch halten, da regelmäßig Kontrollen durch die Ranger des Müritz-Nationalparks erfolgen und Bußgelder bei Nichtbeachtung der Befahrungsverbote verhängt werden.

Ein weiter Abstand zum Ufer ist auch vor der nun folgenden ***Halbinsel Großer Schwerin*** empfehlenswert, da auch hier reichlich Steine im flachen Wasser liegen. *Die 87 Hektar große Halbinsel ist Teil des **Naturschutzgebiets Großer Schwerin** mit Steinhorn, Rastplatz zahlreicher Wasservögel aber auch Brutplatz verschiedener Entenarten. So leben Tausende von Graugänsen und Kraniche zeitweise auf dem noch als Viehweide genutzten Gebiet, auf dem eine Naturschutzstation steht, das einzige Gebäude auf der Halbinsel.*

(km 19,3)

NSG

Da auch die folgenden kleineren Buchten am östlichen Ufer der ***Röbeler Bucht*** nicht befahren werden dürfen, kann man hier auch gleich zum westlichen Ufer queren, schwenkt Richtung Süden und erreicht dann den *Campingplatz Pappelbucht*, eine komfortable Übernachtungsmöglichkeit unweit von **Röbel**.
Der sehr komfortable Platz bietet sich für eine erste Übernachtung auf dieser Tour förmlich an. In der Nebensaison haben alle Gäste des Campingplatzes freien Eintritt in die MüritzTherme **Röbel**. Die Zeltplätze für Wasserwanderer liegen direkt hinter dem Strand und der Weg nach Röbel ist nicht weit. Die knapp zwei Kilometer Fußweg zum Hafen bzw. in die Altstadt sind eine willkommene Abwechslung zum Sitzen im Boot.

(km 23)

Campingplatz Pappelbucht
(039931) 591 13

Nur wenige Schritte Richtung Röbel liegt am Ufer der *Fischerhof der Müritzfischer.* Bei leckerem Fisch bietet sich von der gemütlichen Terrasse aus ein einzigartiger Panoramablick auf die Müritz. Die fangfrischen Fische werden mit Kräutern aus dem eigens zu einem Kräuterbeet umfunktionierten Fischerboot zubereitet. Was ganz Besonders ist der „Beißbölter", ein Backfisch nicht aus Industriefisch, sondern frisch, per Hand filetiert, entgrätet und aus Fischerhand direkt in die Fritteuse – lecker!

Fischerhof Röbel
(039931) 594 16
Apr–Jun 11–16
Jul–Aug 11–18
Sep–Okt 11–16

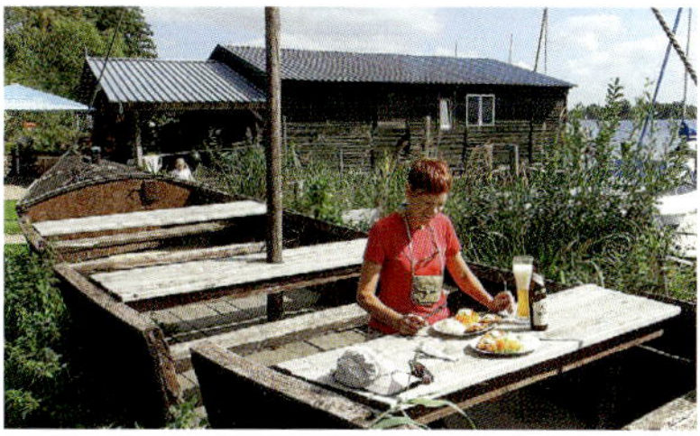

(km 24,5) Wer nicht auf dem Campingplatz Pappelbucht übernachtet, kann für eine Stadtbesichtigung im *Hafen von Röbel* bequem anlegen. Ein Gang durch die Altstadt lohnt schon allein wegen der vielen schön sanierten Fachwerkhäuser.

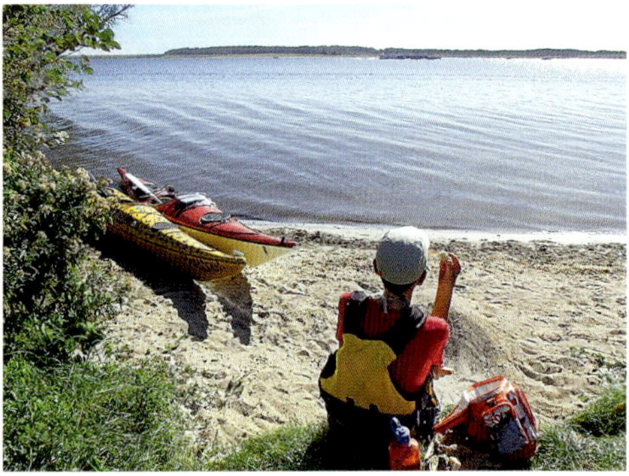

Weit reicht der Blick über die Müritz. Der Name stammt aus dem Slavischen und bedeutet „Kleines Meer.

Nicht versäumen sollte man einen Blick auf das direkt am Marktplatz gelegene Rathaus von 1805 im klassizistischen Stil und auf die ehemalige Synagoge. Sie ist eine der wenigen noch erhaltenen Fachwerksynagogen Mecklenburgs und wurde in den letzten Jahren durch eine umfangreiche Sanierung vor dem Verfall gerettet. Lohnend ist auch der weite Blick über die Dächer der Altstadt und die Müritz vom 58 Meter hohen Turm der Marienkirche aus dem 13. Jh. Sie ist eine der frühesten gotischen Hallenkirchen des Landes und steht auf dem Tempelberg der slawischen Müritzer.

MüritzTherme
(039931) 878 19
Mo–So 9–21

Für diejenigen, die einen längeren Stopp einlegen möchten, bietet sich als Abwechslung ein Besuch der *MüritzTherme Röbel* an, einem modernen Sport- und Spaßbad mit Saunalandschaft und Fitness-Studio.

Zurück auf dem Wasser geht es wieder entlang des westlichen Ufers, am Campingplatz Pappelbucht vorbei und aus der geschützten Lage der ***Röbeler Bucht*** hinaus auf die ***Müritz***.

(km 29,5)

Müritz-Camp Gotthun
(039931) 526 15

Schon bald blitzt der helle, mehrere hundert Meter lange Sandstrand des *Campingplatzes Nitschow*, der zum *Müritz-Camp* **Gotthun** gehört, im Sonnenlicht auf. Das Wasser ist flach und fällt nur langsam ab, so dass Kinder hier gefahrlos baden können. Außerdem gibt es einen SB-Markt und einen kleinen Imbiss.

Rund 1500 m weiter, mit Blick in die ***Sietower Bucht,*** liegt hinter der Landzunge der zum gleichen Betreiber gehörende *FKK-Campingplatz Hirschberg*. Die beiden ruhigen Plätze liegen direkt am Ufer der ***Müritz*** und bieten durch ihre vielen Bäume ausreichend Schatten.

(km 31)

Campingplatz Hirschberg (FKK)
(039931) 526 15

Um den Windschatten der ***Sietower Bucht*** ausnutzen zu können, sollte diese in Ufernähe entlang gepaddelt werden. Im kleinen und schmucken Dorf **Sietow** gibt es neben dem *Campingplatz Sietower Bucht* auch die *Müritz Marina Sietow*, die Ferienwohnungen und Zimmer in Wassernähe anbietet. Neben einem Bistro / Restaurant gehört zur Marina auch die Fischräucherei „Zum Seeberg"; dem Räuchermeister kann man bei der Arbeit über die Schulter schauen und anschließend den geräucherten Fisch vor Ort genießen.

(km 33)

Campingplatz Sietower Bucht
(039931) 520 68

Müritz Marina
(039931) 87 10

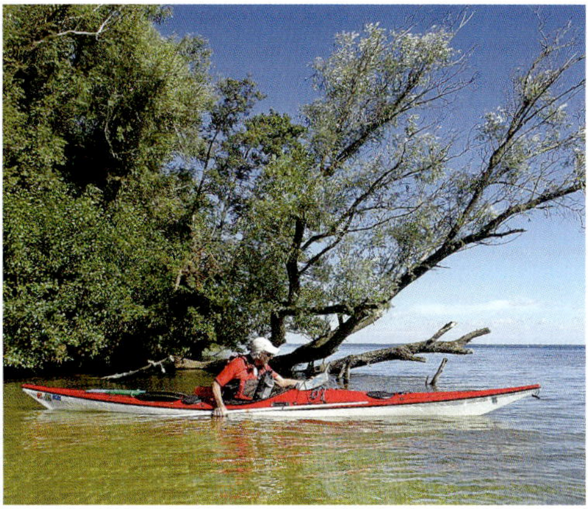

Die nächsten Kilometer bis zur Ortschaft **Klink** sind wieder gesäumt von Schilfgürteln mit darin eingestreuten kleinen sandigen Buchten.

Schon von weitem kommt das imposante ***Schloss* Klink** (19. Jh.) in Sicht, das heute als Schlosshotel genutzt wird. Seine runden Ecktürme und die Erkerausbauten erinnern an die Loireschlösser der französischen Renaissance. Anlegen kann man sehr gut an dem kleinen Strand direkt nördlich vom Schloss oder im gleich anschließenden ***Yachthafen Klink***.
Theoretisch besteht von hier die Möglichkeit auf dem Landweg ans 2,5 Kilometer entfernte Südufer des ***Kölpinsee*** zu gelangen.

(km 39)

Gutshaus Am Schloß Klink
(03991) 747-0

Eine erschwingliche Übernachtungsmöglichkeit findet sich nach Reservierung im *Hotel „Gutshaus Am Schloß Klink"* oberhalb des Sandstrandes direkt vor dem Yachthafen. Für Hausgäste ist die Nutzung der ca. 640 m^2 großen Wellness-Oase mit Panorama-Schwimmbad frei. Das Gutshaus-Restaurant bietet Kulinarisches im „ American Style".

km 150,7

CampingPlatz Ecktannen
(03991) 66 85 13

Eastside surfcenter
(03991) 16 57 94
0176-24 74 42 47

Hinter Klink verjüngt sich die Müritz, bis sie an der Einmündung des ***Reeckkanals*** in die deutlich kleinere ***Binnenmüritz*** vor **Waren** übergeht. Zuvor liegt am gegenüberliegenden Müritzufer der sehr empfehlenswerte *CampingPlatz Ecktannen (Fußweg nach Waren 3,5 km)* mit einer 17 Hektar großen weitläufigen Fläche. Hier kann sich jeder selbst auf dem naturbelassenen unparzellierten Gelände sein Plätzchen aussuchen. Als Alternative zum Zelten gibt es schon für eine Nacht eine Blockhütte zu mieten, ein Ferienzimmer ab drei Nächten. Egal ob **zu Fuß** oder mit dem **Mietfahrrad** – der *Müritz-Nationalpark* liegt direkt vor der Nase.

km 150 (43)

Links geht hier, beim offiziellen Kilometer 150 der ***Müritz-Elde-Wasserstraße***, der ***Reeckkanal*** als Verbindung zum ***Kölpinsee*** ab. Geradeaus wird weiter über die ***Binnenmüritz*** in Richtung **Waren** gepaddelt. Nach einem knappen Kilometer ist mit dem Campingplatz Kamerun die nächste paddlergeeignete Übernachtungsmöglichkeit erreicht.

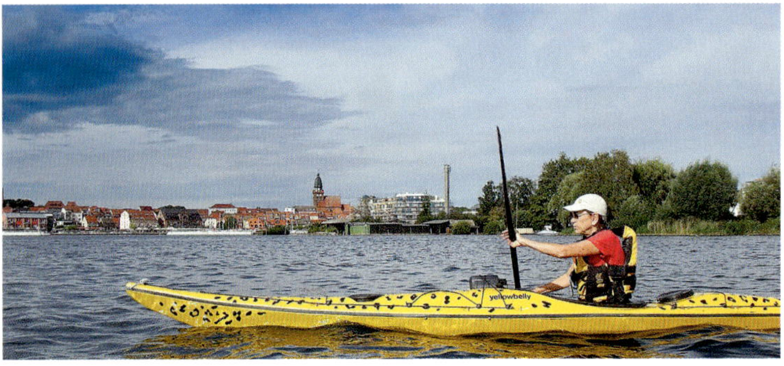

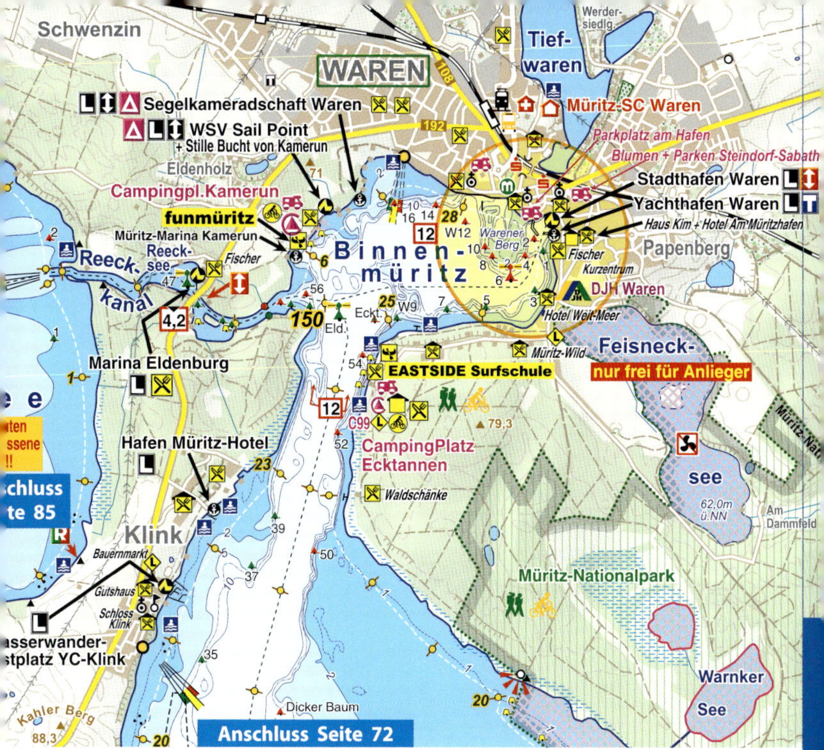

Der empfehlenswerte und komfortable, aber auch sehr große *Campingplatz Kamerun* bietet sich für einen Aufenthalt in unmittelbarer Nähe zur Kreisstadt **Waren** an *(Busverbindung)*. Passend zum Namen des Campingplatzes gibt es im Restaurant „Kamerun-Lodge“ afrikanisches Flair und afrikanische Gerichte, ungewöhnlich, aber auch sehr gut. Wer hier länger verweilen möchte, kann mit dem Mietfahrrad Ausflüge in den nahen *Müritz-Nationalpark* unternehmen oder im nebenan liegenden *„Kletterwald Müritz“* zwischen Eichen, Kiefern und Robinien seine Kletterkünste mit Blick auf die Müritz ausprobieren.

Bei dem auf dem Campingplatz gelegenen *„funmüritz Wassersportcenter“* hat man die Möglichkeit Kajaks, Kanadier oder ein SUP-Board für die abendliche Ausfahrt zu mieten.

(km 43,8)

Camping- und Wohnmobilpark Kamerun
(03991) 12 24 06

Kletterwald Müritz
(03991) 63 12 26
0172-606 83 58
0152-33 70 82 46
Öffnungszeiten anfragen

funmüritz Wassersportcenter
0157-760 808 74

WWK Waren „Stille Bucht von Kamerun"
(03991) 12 24 23

Wer es etwas ruhiger haben möchte, kann alternativ auf Anfrage auch auf dem Gelände des direkt nebenan gelegenen *Wassersportvereins „Stille Bucht von Kamerun"* zelten.

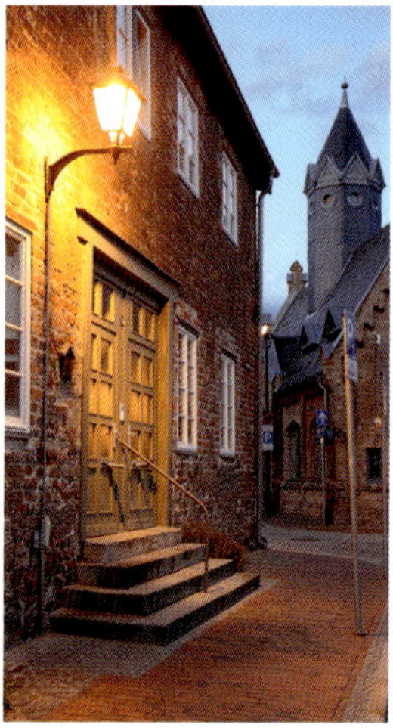

(km 46)
(1700 m)

Hafenmeister
0172-642 69 18

Haus Kim
(03991) 67 45 40

Hotel Am Müritzhafen
(03991) 73 14 42

Hotel Weit Meer
(03991) 63 30 54

Jugendherberge Waren
(03991) 18 69 00

Die ehemalige Kreisstadt **Waren** mit ihren vielen schön restaurierten Fachwerkhäusern ist der mit Abstand größte Ort an der Müritz. *Angelegt* werden kann zwar im Hafen um von dort aus eine Stadtbesichtigung zu unternehmen, man sollte aber nach Ankunft den *Hafenmeister* anrufen, um sich einen Liegeplatz fürs Kajak zuweisen zu lassen. Auch kann für die Nacht dieses im Hafen lagern, während man eines der zuvor reservierten Zimmer im *Haus Kim* oder im *Hotel Am Müritzhafen* bezieht. Alternativ kann man zum Übernachten 700 Meter weiter im südöstlichen Teil der ***Binnenmüritz*** das *Hotel „Weit Meer"* und direkt daneben die *Jugendherberge Waren* vom Wasser aus erreichen.

Müritzeum
(03991) 63 36 80
Mo–So 10–18

Das *Müritzeum*, ein Haus der Superlative, ist Deutschlands größtes Aquarium für einheimische Süßwasserfische. Auch die anderen Ausstellungen zu naturkundlichen Themen und die interessante Architektur machen einen Besuch empfehlenswert und sind ideal zur Einstimmung für einen Besuch des nahen *Müritz-Nationalparks*.

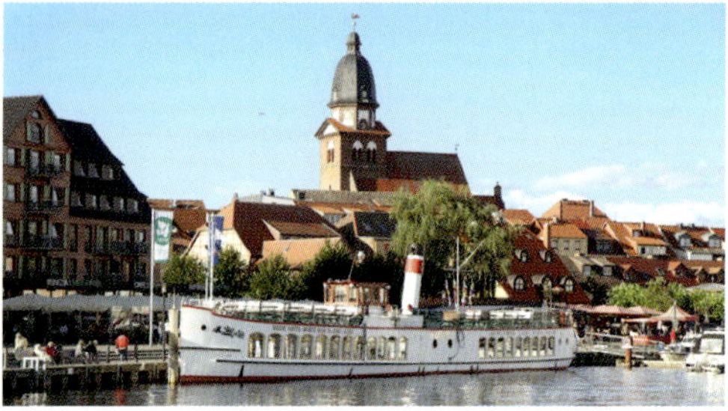

Blick auf Waren

Das als „Tor zum Müritz-Nationalpark" bezeichnete Städtchen ging im frühen 13. Jahrhundert aus einer slawischen Siedlung hervor, wurde durch westfälische Siedler im Rahmen der Ostsiedlung ausgebaut und war acht Jahrzehnte Residenzstadt der Fürsten von Werle. Die Stadt litt unter zahlreichen Bränden und Epidemien und erholte sich nur langsam von den Folgen des Dreißigjährigen Krieges.

Direkt am **Marktplatz** *befindet sich das* **Neue Rathaus**, *im Tudorstil erbaut und 1862 eingeweiht. Auf der Rückseite des Gebäudes ist noch immer das Einschussloch aus der Beschießung der Stadt im Kapp-Putsch 1920 (konterrevolutionärer Putschversuch gegen die Weimarer Republik) zu sehen.*

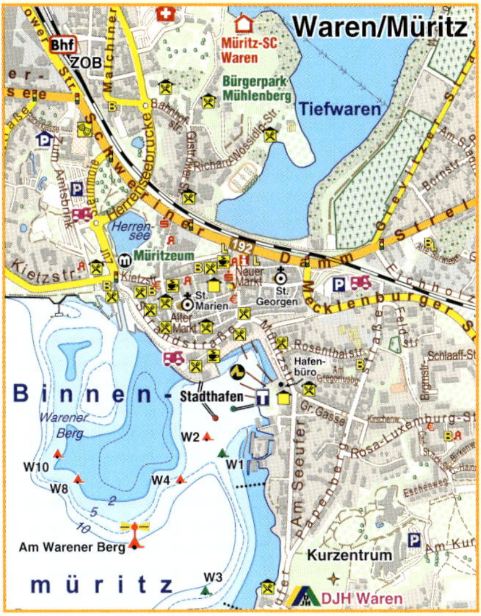

Die im 14. Jh. im Stil der Backsteingotik gebaute **Kirche St. Georgen** *ist eines der ältesten Gebäude Warens. Sehenswert ist eine Kruzifixgruppe, die über 600 Jahre alt ist. Ungeklärt ist bis heute, wie die Kruzifixe den verheerenden Stadtbrand von 1699 überstehen konnten, da bei diesem selbst Kirchenglocken schmolzen.*

Die **St. Marienkirche,** *das Gegenstück zu St. Georgen, wurde 1790–1792 nach Stadtbränden neu aufgebaut. Der Turm mit einer Aussichtsplattform in 45 Meter Höhe erlaubt einen atemberaubenden Blick über die Warener Altstadt und die Binnenmüritz.*

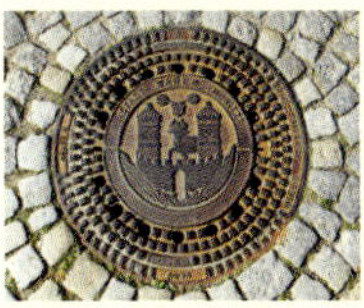

Hübsch anzuschauen ist am **Alten Markt** *auch die* **Alte Feuerwache,** *ein eingeschossiger Backsteinbau aus dem 19. Jahrhundert. Daneben sind in der Warener* **Altstadt** *eine Vielzahl von liebevoll restaurierten Fachwerkhäusern zu bewundern.*

Nahe dem historischen Stadtzentrum befindet sich der **Bürgerpark Mühlenberg**, *wo die von großen Bäumen eingerahmte Freilichtbühne steht, ein Amphitheater das über 1.000 Zuschauer fasst. Alljährlich wird im Sommer die „Müritz-Saga", ein Zyklus von Theaterstücken, deren fiktive Handlungen in der Müritz-Region spielen, aufgeführt. Ein Spass für die ganze Familie.*

Tourist-Information Waren

Neuer Markt 21, 17192 Waren, Tel. (03991) 74 77 90, www.waren-tourismus.de

Für die weitere Paddeltour muss ein kleines Stück auf der ***Binnenmüritz*** zurückgepaddelt werden, bevor man bei Kilometer 150 wieder die ***Müritz-Elde-Wasserstraße*** erreicht.

km 150 (49) Nach Westen geht es hier in den schmalen ***Reeckkanal***, der nach der Straßenbrücke der Bundesstraße 192 in den ***Reecksee*** übergeht. Da dies ein Nadelör zwischen Müritz und weiteren Großseen der Mecklenburger Seenplatte darstellt, ist der Motorbootverkehr zuweilen heftig. Ansonsten aber kommt auf dem von dichtem Wald flankierten flussartigen Gewässer mit den natürlichen Ufern teils sogar „Wildnisfeeling" auf.

km 148,5 (50,5) Gleich hinter der Straßenbrücke der B 192 liegt rechts der *Fischerhof der Müritzfischer* mit seinen bekannt leckeren Fischgerichten und das Hafenrestaurant in der *Marina Eldenburg*. Sie bieten letzte Gelegenheit auf den nächsten rund 20 Kilometern zur Einkehr.

km 147 (52) Direkt nach der Einfahrt in den großen und windanfälligen ***Kölpinsee*** geht es links herum, anfangs Richtung Süden am Ostufer, dann später westwärts am südlichen Ufer entlang. Es ist schilfbestanden, vollkommen unbebaut und auch hier durchsetzt von kleinen Sandbuchten, die genügend Gelegenheiten für eine Pause bieten. Natur pur!

(km 58,5) **NSG** An den Bojen paddeln wir jetzt entlang des ***Naturschutzgebietes „Blüchersches Bruch und Mittelplan"*** in einigem Abstand vom Ufer. *Das 164 Hektar große bewaldete Moorgebiet ist Lebensraum für ungefähr 100 Vogelarten sowie den Fischotter.* Von weitem ist schon das auf der Spitze stehende quadratische Einfahrtzeichen für den nur wenige hundert Meter langen ***Göhrener Kanal*** als Zufahrt zum ***Fleesensee*** zu erkennen.

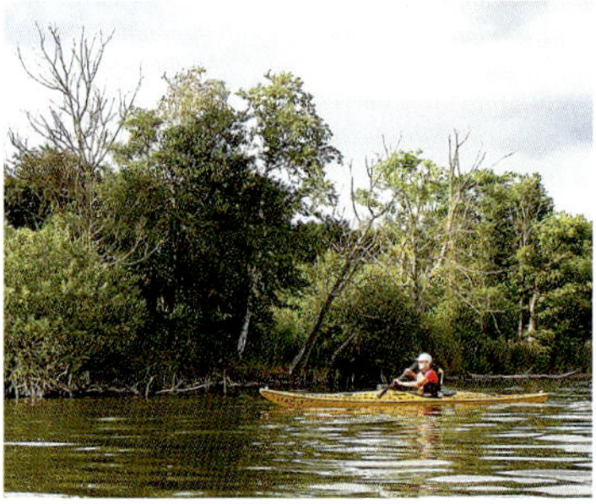

Abstecher Jabelscher See

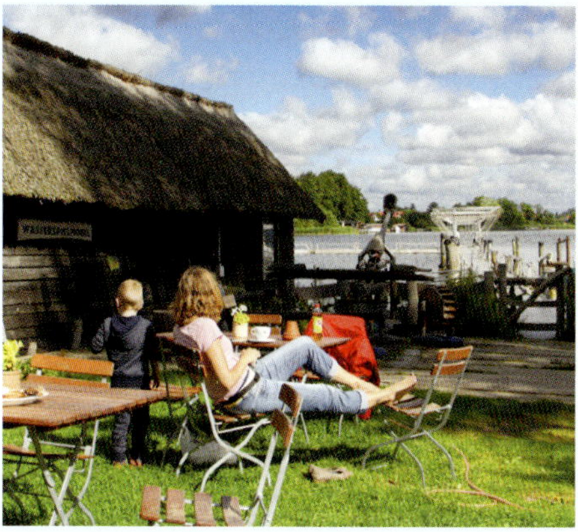

Beim Damerower Fischer möchte man gerne verweilen.

Sehr reizvoll ist ein Besuch des hinter dem ***Naturschutzgebiet Damerower Werder*** liegenden Sees. Kurz vor dem Göhrener Kanal halten wir uns rechts und fahren auf die enge Durchfahrt, die beide Seen miteinander verbindet, zu.

Sich ans rechte Ufer haltend geht es auf den See hinaus. Anlegen dürfen wir am ***Wisentgehege*** keinesfalls, denn auf der Halbinsel werden in einem Freigehege mit 320 Hektar Wald und einer Schauanlage rund 35 Wisente gehalten, eine der größten Zuchtstationen weltweit. **Ein Anlegen ist nicht nur verboten, sondern überdies gefährlich!** **!!!**

Am linken Ufer passiert man den sehr naturnah gelegenen *Naturcamping Jabel-Heidenfriedhof* mit kleiner Badestelle. Sogar eine gemütliche Gaststätte mit Kiosk gibt es.

Camping Jabel-Heidenfriedhof
0171-648 74 52
(Hundeverbot)

Nach Umrundung der Halbinsel liegt am Ende der weit ausholenden Bucht auf der Landspitze die *Badestelle* von **Damerow**. Hier kann man gut *aussetzen* um dem *Wisentreservat* einen Besuch abzustatten. Man geht einfach zwischen den Bäumen durch auf die Wiese und hält sich rechts. Über die Straße „Zum Werder" gelangt man direkt zum Infozentrum. Dort erfährt man alles zum Thema Wisentzucht und kann sich einen Lehr- und Informationsfilm anschauen und sich in der Gastronomie stärken.

Wisentreservat Damerower Werder
(039929) 767 11
tgl. ab 10
Fütterung 11 + 15

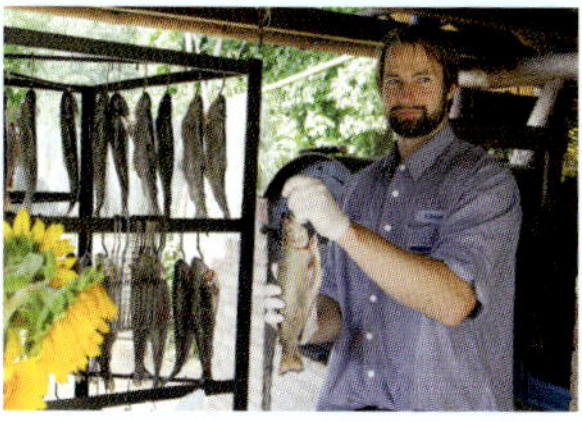

Zurück am Kanu kann man sich entscheiden ob man dem lauschigen *Fischerhof* hinter der Landspitze einen Besuch abstattet oder nach **Jabel** am gegenüberliegenden Ufer paddelt. *„Jabel liegt im Paradies", das jedenfalls behauptete der Onkel*

des bedeutenden niederdeutschen Schriftstellers Fritz Reuter, der hier Pastor war. Fritz Reuter selbst wurde angeblich von seiner Familie 1841 in die Abgeschiedenheit dieses Paradieses „strafversetzt", um Abstand von seinem ausschweifenden Lebensstil zu gewinnen.

(2 km)

Camping Jabel
(039929) 702 17

Ferienanlage Maribell
(039929) 705 00

Wer ein oder zwei Tage hier bleiben möchte, findet am *Camping Jabel C91* einen kleinen, aber feinen Platz zum Zelten oder mietet sich nebenan in der *Ferienanlage Maribell* ein Apartment. Die Nähe zum **Naturpark Nossentiner-Schwinzer Heide** verlockt auf jeden Fall zu einer **Radtour**. Oder man macht mit dem Kanu einen kleinen Ausflug in den abgeschiedenen motorbootfreien ***Loppiner See*** gleich um die Ecke.

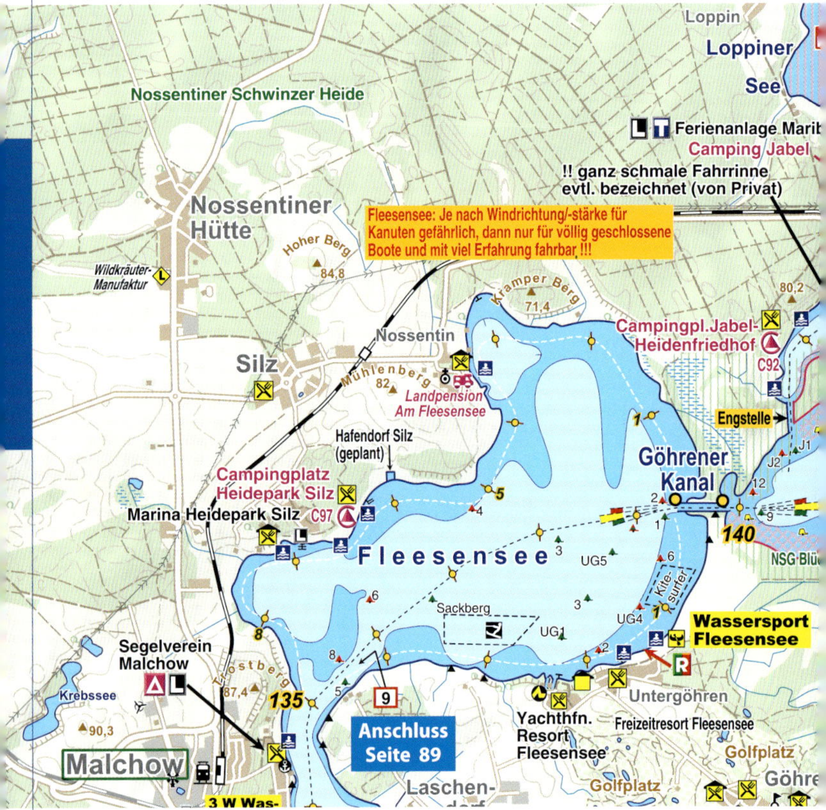

Nach Durchfahrung des nur 500 Meter langen ***Göhrener Kanals*** in den ziemlich großen ***Fleesensee*** geht es auch hier am südlichen Ufer entlang. Die durch Bojen gekennzeichneten Flächen für Kitesurfer nach einem Kilometer sollte man, dicht am Ufer entlangpaddelnd, meiden.

km 139,5 (63,5)

Kurz vor dem Ort **Untergöhren** findet man die Kanustation *Wassersport Fleesensee*. Nicht nur Kajaks und Kanadier kann man hier mieten, sondern auch geführte Touren buchen sowie Kurse im Stand Up-Paddeln und Segeln belegen.

(km 65)

Wassersport Fleesensee
(039932) 82 57 32

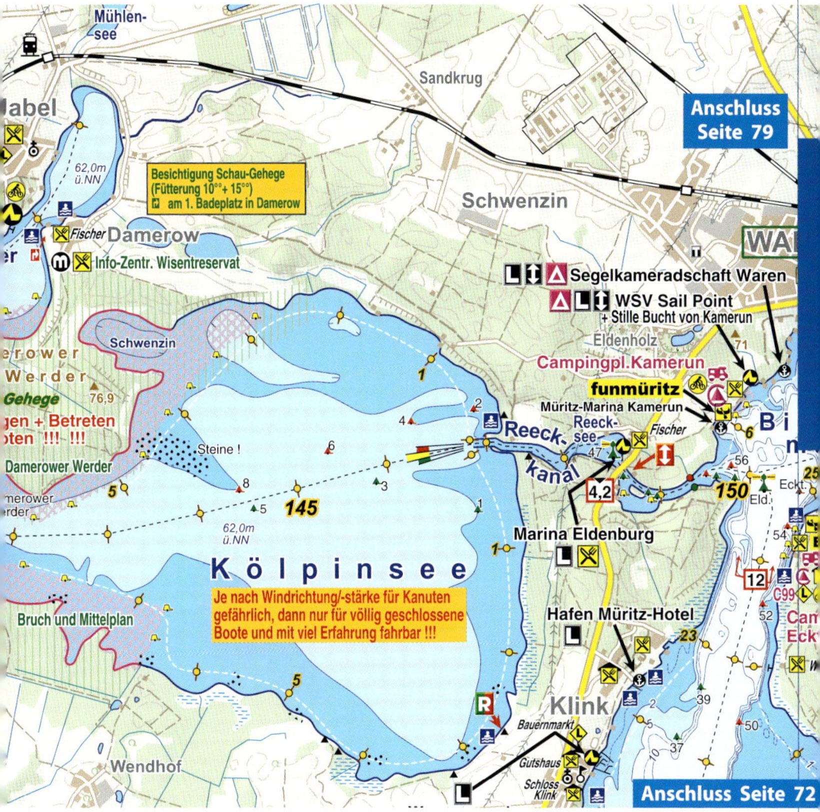

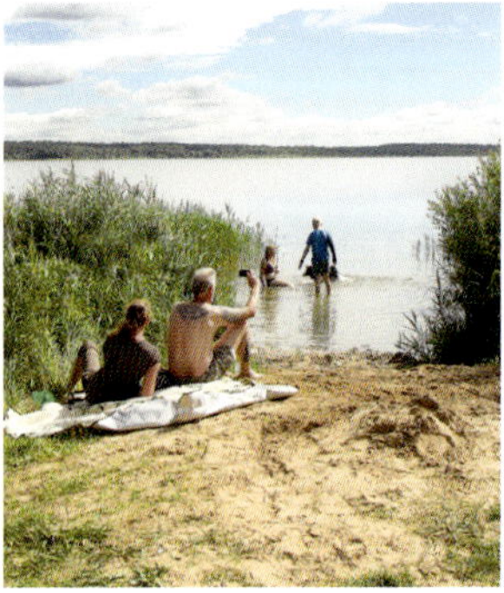

Die einen guten Kilometer später folgende und mit Bojen gekennzeichnete Fläche für Wasserskifahrer sollte, wie schon vorher die Fläche für Kitesurfer, in Ufernähe umfahren werden. Sandige Buchten im Schilfgürtel bieten die gesamte Strecke immer wieder Gelegenheit zu Pausen. Ansonsten sind am Ufer mehrere Anlagen für Motorbootfahrer entstanden, die aber für Paddler alle eher ungeeignet sind; die Nähe zum bekannten Freizeitresort Fleesensee (*Hotels, Ferienanlagen, SPA und Golfplatz*) ist nicht zu übersehen.

Campingplatz Heidepark Silz
(039927) 702 29

Bald sieht man am gegenüberliegenden Ufer die Zelte des *Campingplatzes Heidepark Silz* in der Sonne leuchten. Ein sympathischer Platz, direkt daneben liegt die schöne sandige öffentliche Badestelle.

km 135 (68,5)

Die Einfahrt in den ***Malchower See*** nutzen wir zur Querung des hier nur noch wenige hundert Meter breiten Gewässers und paddeln jetzt am westlichen Ufer entlang.

km 134,3 (69,2)

Segelverein Malchow
(039932) 126 98

Nach wenigen hundert Metern trifft man unmittelbar hinter einem Sandstrand auf den *Segelverein Malchow*, bei dem auf Anfrage auch Paddler zelten können. In der Gaststätte Segelhafen kann man gut und günstig speisen und zur Stadtbesichtigung von **Malchow** ist es mit rund zwei Kilometern auch nicht weit.

Pension am See
(039932) 141 45

3 W Wassersport
(039932) 819 60

Fast unmittelbar vor der Drehbrücke bietet die *„Pension am See"* die Möglichkeit zur Übernachtung im weichen Bett. Direkt davor betreibt *„3 W Wassersport"* eine Kanuvermietung mit Ladengeschäft *(Kanus, SUP, Zubehör, Campingbedarf)*.

km 132,5 (71)

(1300 m)

Mit der Drehbrücke wird die Altstadtinsel **Malchow** erreicht. Wenige Meter dahinter geht es rechts in den *Stadthafen*, wo am Schwimmsteg eine gute Anlegemöglichkeiten für den Besuch der Inselstadt besteht.

Blick auf Malchow

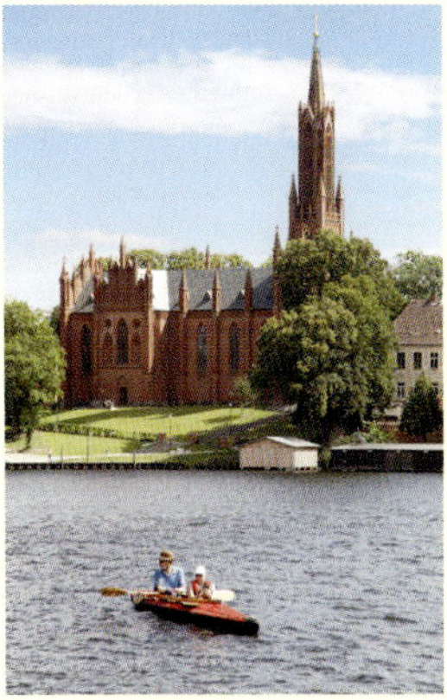

In gut gesicherter Lage auf einer kleinen Insel wurde Malchow gegründet und 1147 erstmalig urkundlich erwähnt. Damit gehört es zu den ältesten Städten Mecklenburgs. War die Insellage in früheren Jahrhunderten aus Sicherheitsgründen sinnvoll, so wurde sie für die Entwicklung der schon im 16. Jahrhundert gegründeten Tuchmacherei und Färberei entscheidend. Zeitweise wurde Malchow daher das „Manchester Mecklenburgs" genannt. Heute ist dieser Industriezweig verschwunden und nur noch in Form verfallener Industriebauten, z. B. in der Mühlenstraße, präsent.

Mitten auf der **Altstadtinsel** *steht am Alten Markt das* **Rathaus***, ein klassizistischer Bau von 1821, dem man auf den ersten Blick nicht ansieht, dass es sich um ein Fachwerkgebäude handelt. Wie bei einer Inselstadt nicht anders zu erwarten, haben Brücken eine besondere Bedeutung. Die heutige* **Drehbrücke** *aus dem Jahr 2013 ist schon die sechste Hub- bzw. Drehbrücke an dieser Stelle und seither eines der Wahrzeichen der Stadt; zu jeder vollen Stunde wird sie geöffnet, um dem Schiffsverkehr freie Durchfahrt zu geben.*

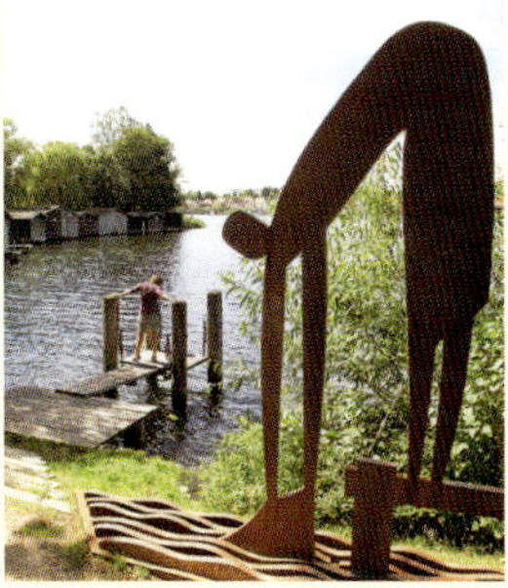

Am anderen Ende der Altstadtinsel speist man gut im Ristorante Don Camillo, hier mit Blick auf den Damm, der die Insel mit dem östlichen Festland verbindet, auf dem das **Kloster Malchow** *liegt. Ein Besuch des ehemaligen Klosters lohnt nicht nur wegen der Kirche und dem schönen englischen Garten, sondern auch wegen des sich dort befindlichen* **Orgelmuseums** *und der Möglichkeit, sich durch das Besteigen des Turms der* **Klosterkirche** *einen Blick von oben über Malchow zu verschaffen.*

Auf der westlichen Festlandseite ist das **DDR-Museum** *im ehemaligen Filmpalast von 1956 sehenswert, mit einer Vielzahl von Alltagsgegenständen aus jener Zeit. Die neugotische* **Stadtkirche** *mit dem quadratischen Westturm, wurde von 1870 bis 1873 in Form einer Kreuzkirche erbaut. Hält man sich hinter ihr rechts gelangt man zur 140 Jahre alten* **Stadtwindmühle***, die als einzige deutschlandweit Strom erzeugt und in der die Ausstellung „Schamane-Götzen-Sagenwelt" ur- und frühgeschichtliche Spuren im Malchower Raum zu besichtigen ist. Jährlich am Pfingstmontag wird das* **Mühlenfest** *gefeiert.*

i *Fleesensee-Touristik Malchow e.V.,* Kirchenstraße 11, 17213 Malchow, Tel. (039932) 831 86, www.luftkurort-malchow.de

Nach dem Aufenthalt in Malchow geht es entlang der nun vergleichsweise schmalen Seen weiter – ***Malchower See***, ***Reken*** und ***Petersdorfer See***. Bebaute Bereiche wechseln sich mit unberührten Bereichen ab, eine Reihe kleiner sandiger Buchten erlauben immer

km 128,8 (74,7) mal wieder Pausen, bevor die Autobahnbrücke der A 19 unterquert wird.

km 126,7 (76,7) Vor der Einfahrt in den ***Plauer See*** kann man im Ort **Lenz** links im *Lenzer Hafen* in einem der Ferienzimmer nächtigen oder auch nur in der Hafengaststätte mit Blick auf die vorbeiziehenden Boote einkehren.

Lenzer Hafen
0171-401 87 39

Nur 300 Meter weiter bietet am rechten Ufer der *Lenzer Krug* in einem Fachwerkgebäude romantische Zimmer. Im Restaurant mit Kamin oder auf der großen Sonnenterrasse wird Fisch aus den umliegenden Seen, Wild aus den Wäldern und regionale Spezialitäten serviert.

Pension & Schänke Lenzer Krug
(039932) 16 70

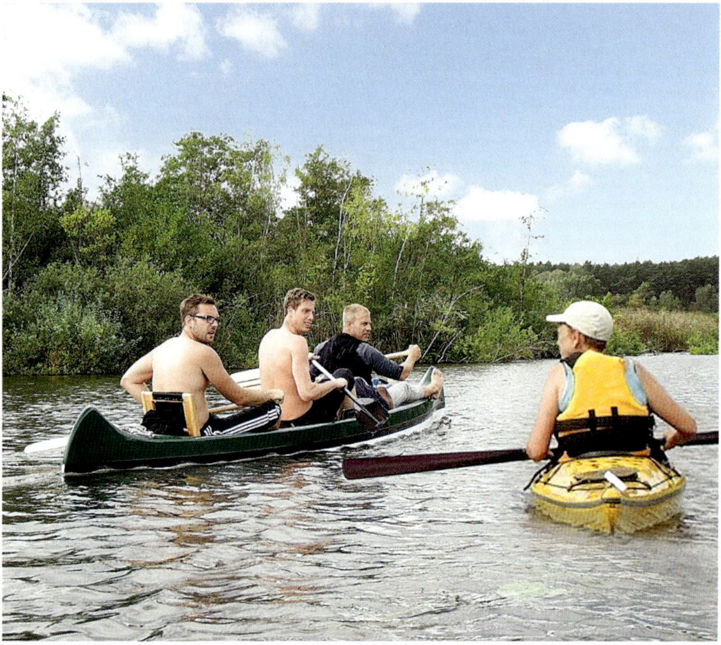

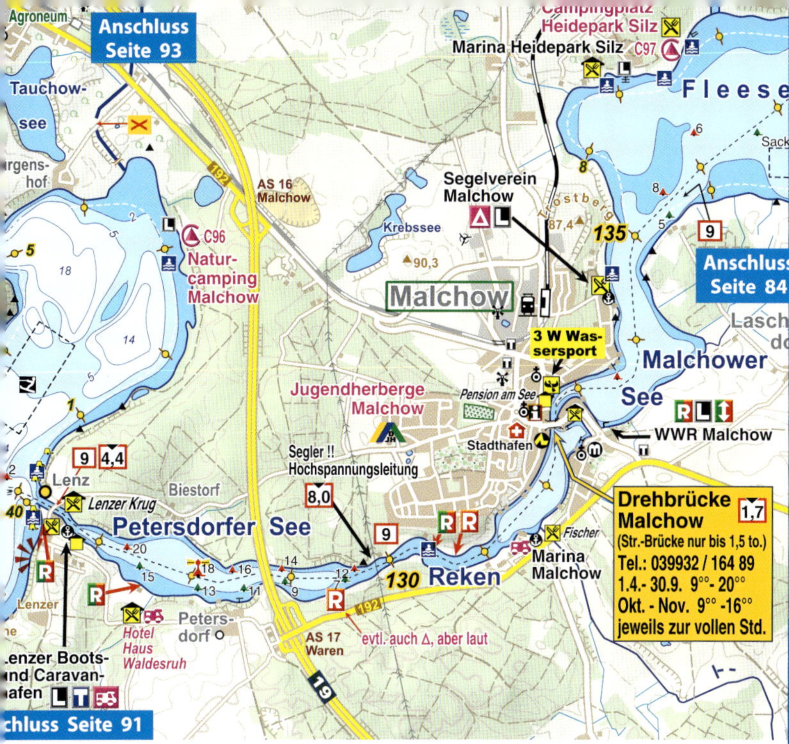

Gleich nach der in den ***Plauer See*** hineinragenden Mole wird südwärts am Ostufer des Sees entlanggepaddelt. Aufgrund seiner Größe ist auf dem Plauer See wieder mit starkem Wellengang zu rechnen. Im Gegensatz zur Müritz und zum Kölpinsee gibt es hier aber keine gesperrten Zonen, so dass wir uns dicht ans schilf- und baumbestandene Ufer halten können. Die „***Lenzer Höhe***", wie das rund einen Kilometer lange Steilufer auch genannt wird, lassen wir hinter uns liegen.

km 126,3 (77,2)

Nach rund 3 Kilometern erreicht man die beiden dicht nacheinander folgenden *Campingplätze*. Neben der üblichen Zeltmöglichkeit stehen hier Blockhäuser, Mietwohnwagen und -zelte und ein orginelles Schlaffass für eine Übernachtung zur Verfügung. Die campingplatzeigene *Gaststätte „Zwei Seen"* mit Café und Biergarten rundet das Angebot ab.

(km 80,2)

Naturcamping Zwei Seen
(039924) 290 18

Wald- und Seeblick Camp
(039924) 20 02

Von hier lohnt ein **Spaziergang** zum ***Großen Pätschsee*** dessen Seeufer fast durchgängig bewaldet ist. Südwestlich von ihm liegt der ***Kleine Pätschsee***, mit dem er über einen Graben verbunden ist. Unterhalb davon liegt der ***Burgwall Zislow***, eine seltene Höhenburg aus der älteren Slawenzeit des 7. bis 9. Jahrhunderts.

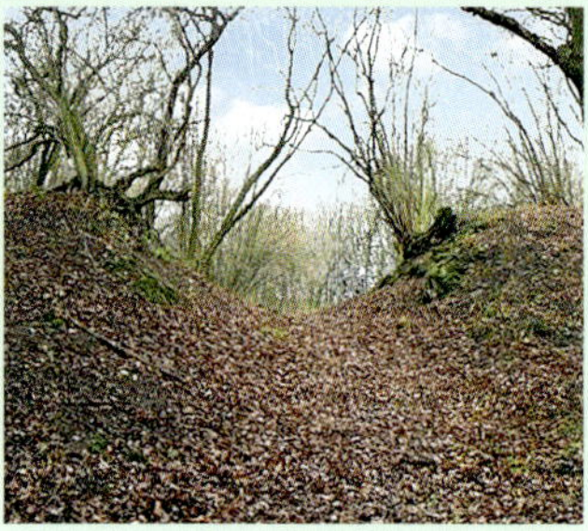

Burgwall Zislow.

Wahrzeichen des rund eineinhalb Kilometer weiter gelegenen verträumten Ferienortes **Zislow** ist die achteckige ***Fachwerk-Dorfkirche.*** Nachdem sie saniert wurde, finden in ihr in der Saison Lesungen und Konzerte statt und im Sommer werden auf dem Gelände auch Open-Air-Konzerte veranstaltet.

Beachpoint No. 1
0175-708 97 85
Mai–Sep tgl. 11–19

In der oberhalb des schönen Strandbades gelegenen *Gaststätte „Beachpoint No. 1"* gibt es tolle Burger und andere Leckereien.

Auch auf den folgenden Kilometern laden immer mal wieder kleine Buchten und Badestellen zum Pausieren ein, bevor im südlichen Zipfel des ***Plauer Sees*** die dicht bewaldeten Ufer wieder steil ansteigen.

(km 86,5)

Seehotel Stuersche Hintermühle
(039924) 720

Campingplatz Bad Stuer
(039924) 22 63

Weiter südlich geht es nun nicht mehr. An einem schmalen „Wurmfortsatz" des Plauer Sees liegt das *Seehotel „Stuersche Hintermühle"* sowie der *Campingplatz Bad Stuer*, der als Besonderheit viele Tipps für kürzere und längere Wanderungen im Umfeld bereithält. *Der Ortsteil* **Bad Stuer** *wurde 1845 als Wasserheilanstalt gegründet, berühmtester Kurgast war Fritz Reuter, der zweimal hier weilte. Nach Ausbruch des Ersten Weltkrieges kam der Kurbetrieb zum Erliegen und endete schließlich völlig, als russische und französische Kriegsgefangene einquartiert wurden.*

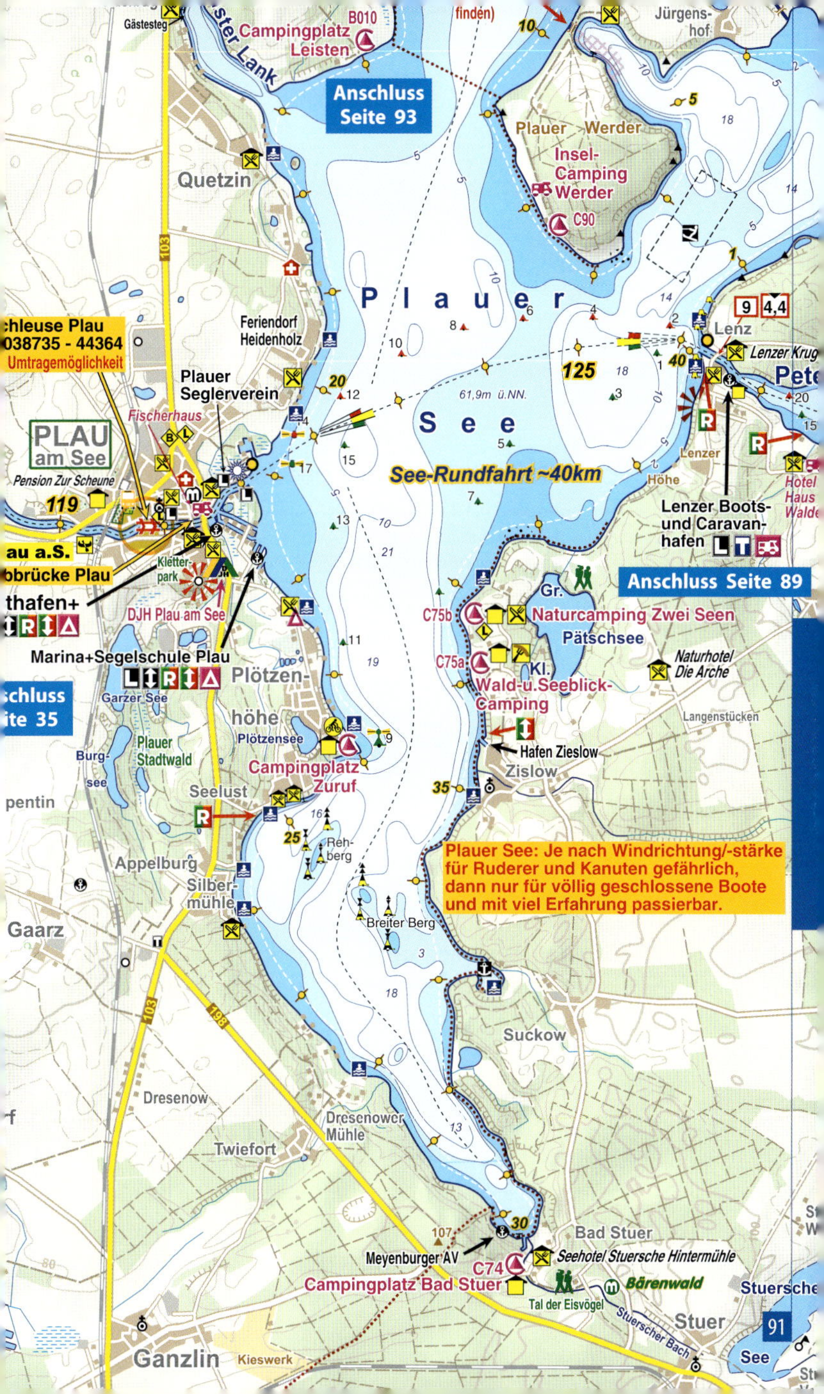

Campingplatz Leisten
B010
Anschluss Seite 93
Quetzin
Plauer Werder
Insel-Camping Werder
C90
Jürgenshof
Plauer See
Feriendorf Heidenholz
chleuse Plau
038735 - 44364
Umtragemöglichkeit
Plauer Seglerverein
Fischerhaus
PLAU am See
Pension Zur Scheune
119
au a.S.
obrücke Plau
thafen+
Kletterpark
DJH Plau am See
Marina+Segelschule Plau
61,9m ü.NN.
125
See-Rundfahrt ~40km
Lenz
Lenzer Krug
Lenzer Höhe
Lenzer Boots- und Caravanhafen
Anschluss Seite 89
Gr. Pätschsee
Kl.
C75b
C75a
Naturcamping Zwei Seen
Wald-u.Seeblick-Camping
Naturhotel Die Arche
Langenstücken
Hafen Zieslow
Zieslow
Plötzenhöhe
Plötzensee
Campingplatz Zuruf
Garzer See
schluss ite 35
Plauer Stadtwald
Burgsee
pentin
Seelust
Rehberg
Appelburg
Silbermühle
Gaarz
Breiter Berg
Plauer See: Je nach Windrichtung/-stärke für Ruderer und Kanuten gefährlich, dann nur für völlig geschlossene Boote und mit viel Erfahrung passierbar.
Suckow
Dresenow
Dresenower Mühle
Twiefort
Bad Stuer
Meyenburger AV
C74
Campingplatz Bad Stuer
Seehotel Stuersche Hintermühle
Bärenwald
Tal der Eisvögel
Stuerscher Bach
Stuer
Stuersche See
Ganzlin
Kieswerk

Das etwa drei Kilometer entfernte **Stuer** ist unbedingt schon wegen seiner wunderschönen ***Oktogon-Einständerkirche*** mit den Patronatslogen und dem hölzernen Altaraufsatz mit der figurenreichen Kreuzigungsszene aus dem 15 Jh. einen Besuch wert. In der Kirche finden alljährlich im Rahmen der Internationalen Musiktage am Plauer See die „Klaviertage Stuer" statt.

Bärenwald Müritz
(039924) 791 18
15. Mär–Okt
tgl. 9–18
Nov–14. Mär
tgl. 10–16

Eine Besonderheit ist der unweit gelegene *Bärenwald Müritz*, der Bären aus ehemals schlechter Haltung einen natürlichen Lebensraum bietet. Den Besuch kann man wunderbar verbinden mit einer **Wanderung** durchs idyllische „*Tal der Eisvögel*" entlang des *Stuerschen Baches*.

Vom Campingplatz aus geht es auf die letzten rund 10 Kilometer dieser Tour entlang des westlichen Seeufers. Die Bebauung nimmt nun nach und nach zu.

(km 92,7)

Campingplatz Zuruf
(038735) 458 78

Der letzte Campingplatz vor dem eigentlichen Ziel der Tour ist der schon zu Plau gehörende *Campingplatz Zuruf*, nur drei Kilometer von **Plau am See** entfernt. Hier gibt es neben Finnhütten auch Fahrräder zu mieten. Die letzten Kilometer sind schnell zurückgelegt und an der Marina von Plau vorbei geht es gleich links in den Stichkanal der uns zur ***Elde*** bringt.

km 120,5 (96)

(300 m)
(200 m)

Wasserwanderrastplatz
(038735) 450 50
0173-435 00 78

Hier halten wir uns gleich wieder links und fahren in den *Wasserwanderrastplatz* des *Stadthafens Plau am See*, Ausgangs- und Zielhafen vieler Wasserwanderer in dieser Region.

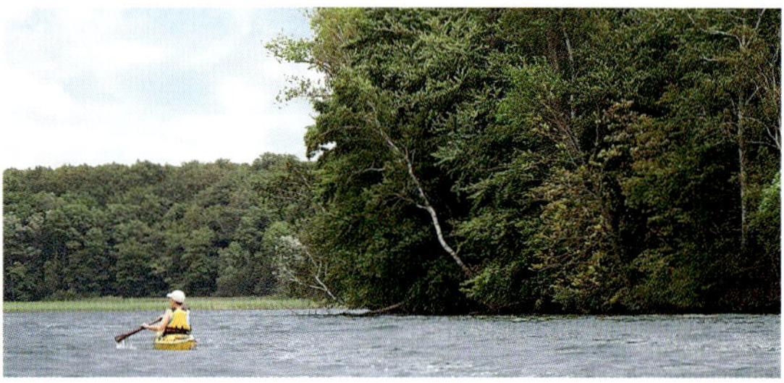

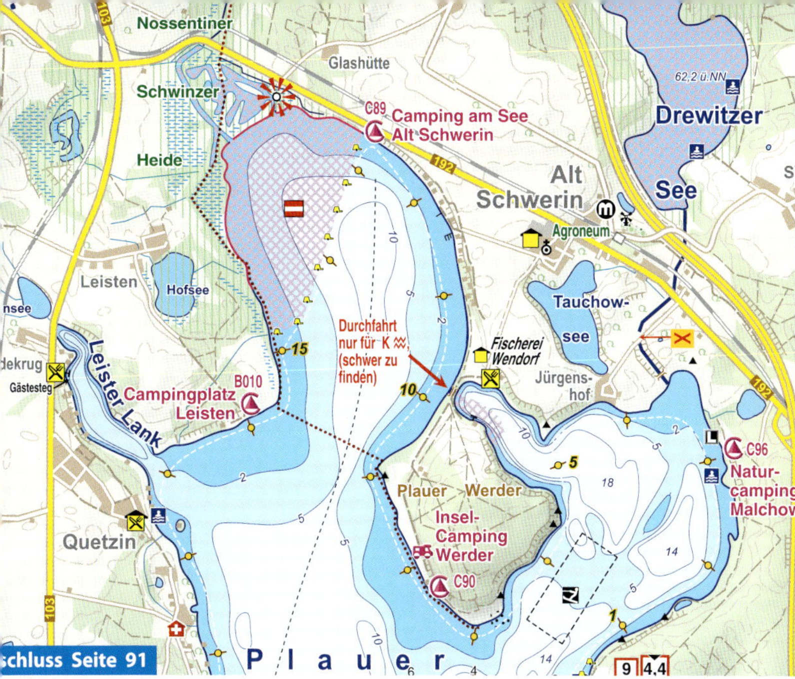

Abstecher in den nördlichen Teil des Plauer Sees

Da wo der ***Reken*** in den ***Plauer See*** mündet, hält man sich rechts und fährt in einem großen Bogen, vorbei am *Naturcamping Malchow*, auf die *Fischerei Wendorf* in **Alt-Schwerin** zu. Diese liegt in einer Bucht, die das Festland und die vorgelagerte Halbinsel ***„Plauer Werder"*** voneinander trennen, welche im östlichen Teil geprägt ist von stillen Buchenwäldern und steilen Ufern. Die seit Jahrhunderten an dieser Stelle existierende Fischerei ist bekannt für ihre köstlichen Fischgerichte. Von hier lohnt auf jeden Fall der Besuch des nahen *„Agroneum Alt Schwerin", einem agrarhistorischen Freilichtmuseum, das die Guts- und Landwirtschaftsgeschichte Mecklenburgs von 1848 bis heute thematisiert.*

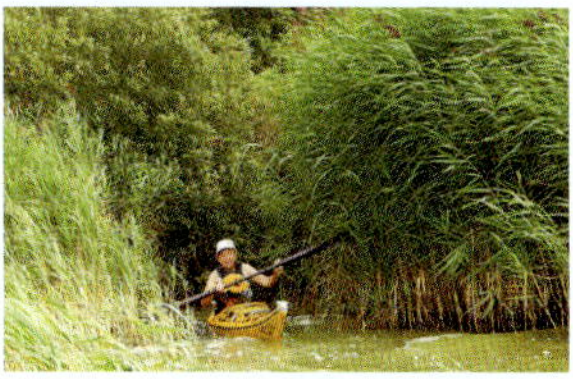

Den „Durchstich" in die große Bucht hinter dem ***Plauer Werder*** fährt man, um den See an dieser Stelle hinüber zum westlichen Ufer zu queren und dort Richtung Süden nach **Plau am See** zu gelangen.

Naturcamping Malchow
(039932) 499 07

Agroneum
(039932) 474 50
Mitte Mär–31.Okt
tgl. 10–18

Übernachtung in Wassernähe

Bad Stuer (17209)
Campingplatz Bad Stuer, Seeufer 20, Tel. (039924) 22 63, www.campingplatz-bad-stuer.m-vp.de

Seehotel Stuersche Hintermühle, Seeufer 7, Tel. (039924) 720, www.falk-seehotels.de

Barkow (19395)
Gutshaus Barkow, Heinrich-Zander-Str. 34, Tel. (038735) 82 60, www.gutshaus-barkow.de

Bobzin (OT von 19386 Lübz)
Wasserkraftwerk Bobziner Schleuse mit Gästehaus, Schleuse 1, Tel. (038731) 207 77, www.wasserkraftwerk-bobzin.de

Buchholz (17209)
Buchholz-Camp, Dorfstr. 14, Tel. (039923) 24 57, www.buchholz-camp.m-vp.de

Burow
Wasserwanderrastplatz Burow, Tel. (0387318) 239 41

Dömitz (19303)
Bootshafen-Campingplatz, An der Schleuse, Tel. 0151-520 190 20, www.wasserwanderzentrum-doemitz.de

Herberge Alte Brauerei, Fritz-Reuter-Str. 20, Tel. 0174-480 62 32, www.herbergedoemitz-altebrauerei.de

Hotel Dömitzer Hafen, Hafenplatz 3, Tel. (038758) 36 42 90, www.doemitzer-hafen.de

Radlerpension Dömitz, Elbstr. 1, Tel. (038758) 244 84, www.radlerpension-doemitz-elberadweg.de

Eldena (19294)
Camping und Bootshafen, Am Bootshafen 1, Tel. (038755) 200 20, www.camping-eldena.de

Fresenbrügge (19300)
Wasserwanderrastplatz, Eldeufer 1, Tel. 0172-171 52 99, www.wohnmobilhafen-an-der-elde.de

Gaarzer Mühle (OT von 17248 Lärz)
Campingplatz am Müritzarm, Gaarzer Mühle 1, Tel. 01577-337 17 07, www.camping-mueritzarm.de

Garwitz / Matzlow-Garwitz (19372)
Hotel und Gaststätte „Zur Schleuse", Zur Schleuse 3, Tel. (038722) 200 53, www.zur-schleuse-garwitz.de

Lewitzcamp Garwitz, Tel. 0172-315 72 77, www.lewitzcamp.de

Wasserwanderrastplatz Matzlow-Garwitz, Marina Matzlow-Garwitz, Tel. (038726) 202 10 oder 0162-865 30 20, www.marina-matzlow-garwitz.de

Eldepark, Am Kanal 4, Tel. (038722) 227 70, www.eldepark.de

Gotthun / Müritz (17207)

Müritz-Camp Gotthun: Camping Hirschberg (FKK) und *Camping Nitschow,* Schloßstr. 4, Tel. (039931) 526 15, www.mueritzcamp-gotthun.m-vp.de

Grabow (19300)

Hotel Stadt Hamburg, Große Str. 28, Tel. (038756) 222 33, www.grabow-hotel-stadt-hamburg.de

Jabel (17194) bei Waren

Ferienanlage Maribell, Am Ufer 1-2, Tel. (039929) 705 00, www.maribell.de

Campingplatz Jabel am Jabelschen See (C 91), Am Strandbad 3, Tel. (039929) 70 217

Naturcamping Jabel-Heidenfriedhof (C92), Am Heidenfriedhof 1, Tel. 0171-648 74 52, www.campingplatz-heidenfriedhof.de

Klink / Müritz (17192)

Gutshaus Am Schloß Klink, Schulstr. 8, Tel. (03991) 74 70, www.gutshaus-schlossklink.de

Kuppentin (OT von 19386 Wessentin / Lübz)

Wasserwanderrastplatz Kuppentin, Eldestr. 23, Tel. (038732) 200 23 o. 0173-647 81 13, www.familie-oeck.de

Lenz (OT von 17213 Fünfseen)

Lenzer Hafen, Zum Hafen 1, Tel. 0171-401 87 39, www.lenzer-hafen.de

Pension & Schänke Lenzer Krug, Lenz 1, Tel. (039932) 16 70, www.falk-seehotels.de/seehotels/lenzer-krug

Ludorf (17207)

Müritzpark Ludorf, Kasboomhorst, Tel. (039931) 516 40, www.mueritzpark-ludorf.m-vp.de

Lübz (19386)

Stadtmarina Blueline Charter, Schulstr. 8a, Tel. (038731) 224 28, www.blue-line-charter.de

Malchow (17213)

Hotel Inselhof, Lange Str. 61, Tel. (039932) 82 72 80, www.hotel-inselhof.de

Pension am See, Güstrower Str. 11, Tel. (039932) 141 45, www.pension-amsee.de

Segelverein Malchow, Strandstr. 10 a, Tel. (039932) 126 98, www.segelvereinmalchow.de

Malliß (19294)
Campingplatz „Am Wiesengrund“, Am Kanal 4, Tel. (038750) 210 60, www.camping-malliss.m-vp.de

Neuburg (19376)
Ufercamp Eldeblick, Eldeweg 4, Tel. (038724) 227 26

Neugöhren (19294)
Bootsanleger & Camping, Neue Str. 9, Tel. (038755) 203 09 oder 0162-244 16 57, www.bootsanleger-neugoehren.net

Neu Kaliß (19294)
Wasserwanderrastplatz „Find´s hier“, An der Elde 2, Tel. 0173-218 82 76, www.findshier.com

Neustadt-Glewe (19306)
Mercure Hotel Schloss Neustadt Glewe, Schlossfreiheit 1, Tel. (038757) 53 20, www.accorhotels.com

Pension „Altes Burghotel“, Alte Burg 1, Tel. (038757) 598 477, www.burg-neustadt-glewe.de

Wasserwanderrastplatz Bootshafen Neustadt-Glewe, Am Schlossgarten 3, Tel. 0172-178 24 01, www.bootshafen-lewitz.de

Parchim (19370)
Café & Pension „Am Brunnen“, Am Brunnen 1, Tel. (03871) 468 97 76, www.pensionambrunnen.de

Wasserwanderrastplatz Fischerdamm Parchim, Am Fischerdamm, Tel. (03871) 621 701

Plau am See (19395)
Hotel & Restaurant Fackelgarten, Dammstr. 1, Tel. (038735) 85 30, www.fackelgarten.de

Hotel Reke, Dammstraße 29, Tel. (038735) 817, www.hotel-reke.de

Jugendherberge Plau am See, Dammstr. 43, Tel. (038735) 815 91, www.jugendherberge-plauamsee.de

Pension „Zur Scheune“, Lübzer Chaussee 12, Tel. (038735) 85 50, www.zur-scheune-plau.m-vp.de

Wasserwanderrastplatz Plau am See, Dammstr. 25, Tel. (038735) 450 50, www.pwv-plau.de

Priborn (17209)

Pension „Zum Wassermann“, Ausbau 1, Tel. (039923) 21 09, www.pension-zum-wassermann.de

Röbel (17207)

Campingplatz Pappelbucht, Seebadstr. 38 a, Tel. (039931) 878 19 und 591 13, www.mueritztherme.de

Sietow / Müritz (17209)

Campingplatz Sietower Bucht, Dorfstr. 21, Tel. (039931) 520 68, www.weicamp.de

Müritz Marina Höcker, Dorfstr. 20 b, Tel. (039931) 87 10, www.mueritz-seeromantik.de

Silz (17214)

Campingplatz Heidepark Silz, Am Fleesensee 5, Tel. (039927) 702 29, www.heideparksilz.de

Slate (19370)

Hotel-Restaurant „Zum Fährhaus“, Fähre 2, Tel. (03871) 62 61-0, www.zum-faehrhaus.de

Waren / Müritz (17192)

Campingplatz Ecktannen, Fontanestr. 66, Tel. (03991) 66 85 13, www.camping-ecktannen.de

Camping- und Wohnmobilpark Kamerun, Zur Stillen Bucht 3, Tel. (03991) 12 24 06, www.campingtour-mv.de

Haus Kim, Am Seeufer 75, Tel. (03991) 67 45 40, www.hauskim.m-vp.de

Hotel Am Müritzhafen, Große Gasse 1, Tel. (03991) 73 14 42, www.hotel-am-mueritzhafen.m-vp.de

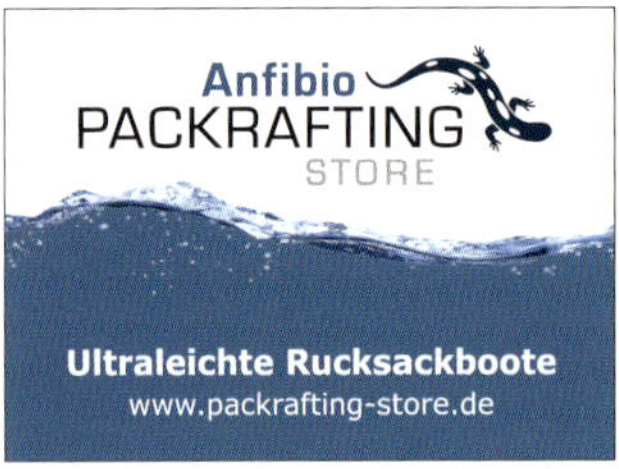

Hotel Weit Meer, Am Seeufer 54, Tel. (03991) 63 30 54, www.hotel-weitmeer.de

Jugendherberge Waren, An der Feisneck 1a, Tel. (03991) 18 69 00, www.jugendherbergen-mv.de

Wassersportverein Waren „Stille Bucht von Kamerun" e.V., Zur Stillen Bucht 2, Tel. (03991) 122 423, www.wwk-mueritz.de

Zielow (OT von 17207 Ludorf)

Campingplatz & Ferienwohnung „Zielow an der Müritz", Seeufer 1, Tel. (039923) 24 20, www.zielowcamp.de

Jugendherberge Zielow, Seeufer 10, Tel. (039923) 25 47, www.zielow.jugendherberge.de

Seehotel Zielow, Seeufer 11, Tel. (039923) 70 20, www.seehotel-zielow.de

Zislow (17209)

Naturcamping Zwei Seen, Waldchaussee 2, Tel. (039924) 290 18, www.zwei-seen-naturcamping.de

Wald- und Seeblick Camp GmbH, Waldchaussee 1, Tel. (039924) 20 02, www.wald-und-seeblick-camp.de

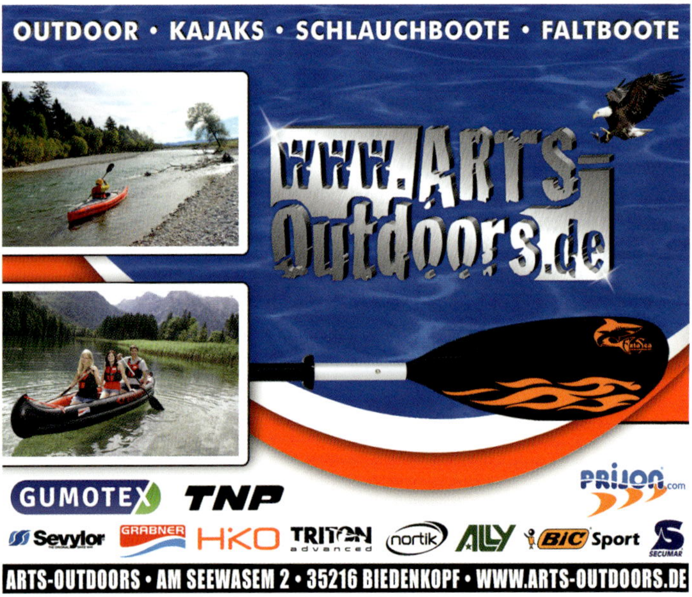

Kanuvermieter

Barkow (19395)
Gutshaus Barkow, Heinrich-Zander-Str. 34, Tel. (038735) 82 60, www.gutshaus-barkow.de

Dömitz (19303)
Dömitzer Kanu Verein e.V., Marienstr. 5, Tel. (038758) 226 26, www.kanu-doemitz.de

Fresenbrügge (19300)
Wasserwanderrastplatz Fresenbrügge, Eldeufer 1, Tel. 0172-171 52 99, www.wohnmobilhafen-an-der-elde.de

Gaarzer Mühle (OT von 17248 Lärz)
Boots- und Kanuverleih Gaarzer Mühle, Gaarzer Mühle 1, Tel. 0174-425 01 65, www.boots-und-kanuverleih-gaarzer-muehle.de

Garwitz (19372)
Lewitzcamp Garwitz, Tel. 0172-315 72 77, www.lewitzcamp.de

Göhren-Lebbin (17213)
Wassersport Fleesensee, Waldweg 30, Tel. (039932) 825 732, www.wassersport-fleesensee.de

Grabow (19300)
Kanu- und Kajakverleih Grabow, Blievenstorfer Weg 3, Tel. 0173-204 92 06, www.kanu-grabow.de

Kuppentin (OT von 19386 Wessentin / Lübz)
Wasserwanderrastplatz Kuppentin, Hans-Joachim Oeck, Eldestr. 23, Tel. (038732) 200 23 o. 0173-647 81 13, www.familie-oeck.de

Lübz (19386)
Abenteuer in Mecklenburg-Vorpommern, Pfarrstr. 8, Tel. (038731) 47 11 67, www.abenteuer-in-mecklenburg-vorpommern.de

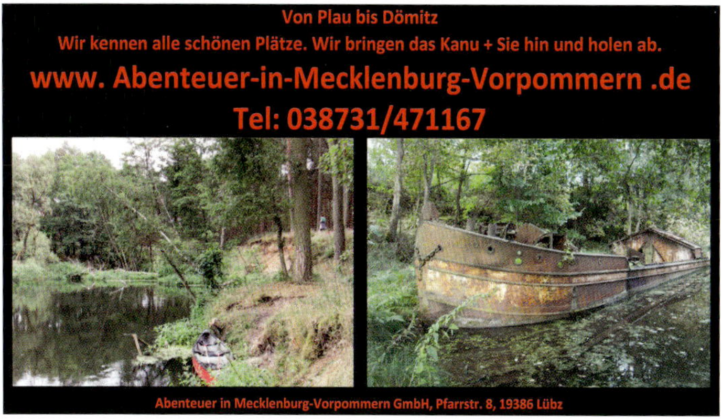

Malchow (17213)
3 W Wassersport, Güstrower Str. 13, Tel. (039932) 819 60, www.kanu-malchow.de

Mirow (19079)
Lewitzboot Foese, Unter den Linden 22a, Tel. (03861) 72 34 oder 0152-283 970 89, www.lewitzboot-foese.m-vp.de

Neu Kaliß (19294)
Wasserwanderrastplatz „Find´s hier", An der Elde 2, Tel. 0173-218 82 76, www.findshier.com

Neustadt-Glewe (19306)
Wasserwanderrastplatz Bootshafen Neustadt-Glewe, Am Schlossgarten 3, Tel. 0172-178 24 01, www.bootshafen-lewitz.de

Parchim (19370)
Café & Pension „Am Brunnen", Am Brunnen 1, Tel. (03871) 468 97 76, www.pensionambrunnen.de

Kanuverleih Parchim, Wozinkler Weg 3, Tel. (03871) 288 455 oder 0174-191 27 24, www.kanuverleih-parchim.de

Plau am See (19395)
Kanu-Team Plau am See, Lübzer Chaussee 17B, Tel. (038735) 148 83 u. 0172-307 65 14, www.kanuteam-plauamsee.de

Röbel (17207)
Campingplatz Pappelbucht, Seebadstr. 38 a, Tel. (039931) 878 19 und (039931) 591 13, www.mueritztherme.de

Sietow (17209)
TOKON Sports, Warener Str. 20, Tel. (039931) 54 20 00, www.tokon-sports.de

Waren / Müritz (17192)
funmüritz Wassersportcenter, Zur Stillen Bucht 3 (Camping Kamerun), Tel. 0157-760 808 74, www.fun-mueritz.de

Eastside Surfschule Ecktannnen, (am Campingpark Ecktannen), Fontanestraße 66, Tel. (03991) 16 57 94 und 0176-247 44 247

Fahrradvermieter

Barkow (19395)
Gutshaus Barkow, Heinrich-Zander-Str. 34, Tel. (038735) 82 60, www.gutshaus-barkow.de

Kuppentin (OT von 19386 Wessentin / Lübz)
Familie Krachenfels, Rosenallee 34, Tel. (038732) 227 71, www.fahrradverleih.kuppentin.de

Lübz (19386)
Karl-Joachim Rohde, Am Markt 1, Tel. (038731) 225 46, www.rohde-luebz.de

Neustadt-Glewe (19306)
Stadtinformation, Alte Burg 1, Tel. (038757) 500 64, www.neustadt-glewe.de

Wasserwanderrastplatz Bootshafen, Am Schlossgarten 3, Tel. 0172-178 24 01, www.bootshafen-lewitz.de

Parchim (19370)

Café & Pension „Am Brunnen“, Am Brunnen 1, Tel. (03871) 468 97 76, www.pensionambrunnen.de

Plate (19086)

Fahrradstation LEWITZ-RADLER (nach Absprache „Bring“-Service), Banzkower Str. 61, Tel. (03861) 50 14 23, www.lewitz-radler.de

Röbel (17207)

Campingplatz Pappelbucht, Seebadstr. 38 a, Tel. (039931) 878 19 und (039931) 591 13, www.mueritztherme.de

Waren (17192)

Camping- und Wohnmobilpark Kamerun, Zur Stillen Bucht 3, Tel. (03991) 12 24 06, www.campingtour-mv.de

Veranstalter von Kanutouren & geführte Touren

Göhren-Lebbin (17213)

Wassersport Fleesensee, Waldweg 30, Tel. (039932) 82 57 32, www.wassersport-fleesensee.de

Lübz (19386)

Abenteuer in Mecklenburg-Vorpommern, Pfarrstr. 8, Tel. (038731) 47 11 67, www.abenteuer-in-mecklenburg-vorpommern.m-vp.de

Plau am See (19395)

Kanu-Team Plau am See, Lübzer Chaussee 17B, Tel. (038735) 148 83, www.kanuteam-plauamsee.de

Sehenswürdigkeiten & Sonstige Aktivitäten

Alt Schwerin (17214)
AGRONEUM Alt Schwerin (agrarhistorisches Museum), Dorfstr. 21, Tel. (039932) 499 18, Apr–Okt 10–18, Eintritt 7 € / 3 €, Familien 17 €, www.agroneum-altschwerin.de

Bad Stuer (17209)
Bärenwald Müritz, Am Bärenwald 1, Tel. (039924) 791 18, Apr–Okt 9–18, Eintritt 7,50 € / 4 €, Familien 18 €, www.baerenwald-mueritz.de

Benzin (OT von Kritzow, 19386)
Technisches Denkmal und Museum der Lehm- und Backsteinstraße, Ziegeleiweg 8, Tel. (038731) 80 59, Mai–Sep Mo, Do 11–17, Sa, So, Fei 12–17, Eintritt 5 € / 2,50 €, www.ziegelei-benzin.de

Damerow (OT von Jabel, 17194)
Wisentreservat Damerower Werder, Zum Werder 5a, Tel. (039929) 767 11, tgl. 10–18 / 20, Eintritt 4 € / Kinder bis 12 frei, www.nossentinerheide.wald-mv.de

Dömitz (19303)
Museum Festung Dömitz, Auf der Festung 3, Tel.(038758) 224 01, Mai–Sep Di–Fr 10–17, Sa, So, Fei 10–18, Eintritt 5,50 € / 2,50 €, Familien 12,50 €, www.festung-doemitz-museum.de

Gnevsdorf (19395)
Lehmmuseum Gnevsdorf (Deutschlands einziges Lehmmuseum), Steinstr. 64 a, Tel. (038737) 338 30, Mai–Sep Di-So 10–18, Eintritt 3 €, www.lehmmuseum.de

Göhren-Lebbin (17213)
SPAworld Fleesensee (das größte Day-SPA des Landes), An der Therme 1, Tel. (039932) 805 00, www.spaworld-fleesensee.de

Grabow (19300)
Heimatmuseum, Marktstr. 19, Tel. (038756) 700 54, Di & Fr 9–11, Mi, So, Fei 14–16, www.museum-grabow.de

Schau(m)manufaktur Grabow, Rudolf-Breitscheid-Str. 4 a, Tel. (038756) 280 22, www.schaumanufaktur-grabow.de

Lübz (19386)

Stadtmuseum, Am Markt 23, Tel. (038731) 47 18 39, Mai–Sep Di–Fr 10–12, 13–17, Sa / So 10–12, 13–16, Eintritt 4 € / 1,50 €, www.luebzerland.de/das-stadtmuseum-amtsturm

Malchow (17213)

DDR-Museum, Kirchenstr. 25, Tel. (039932) 180 00, Apr–Sep Di–So 10–17, Eintritt 2,50 € / 1,50 €, www.ddrmuseum-malchow.de

„Kiek in un wunner di" – Kuriositätenmuseum, Bahnhofstr. 5, Tel. (039932) 811 40, Apr–Sep Di–So 10–17, Eintritt: 3,50 € / 2,50 €, Familien 9 €, www.kiekinunwunnerdi.de

Kloster Malchow, Kloster 32–34, Tel. (039932) 823 92, Apr–Sep 10–17, Eintritt 3,50 € / 2,50 €, www.kloster-malchow.de

Mecklenburgisches Orgelmuseum, Kloster 26, Tel. (039932) 125 37, Apr–Sep Di–So 10–17, Eintritt, 3,50 € / 2,50 €, Familie 9 €, www.orgelmuseum-malchow.de

Neustadt-Glewe (19306)

Burgmuseum, Alte Burg 1, Tel. (038757) 500 65, Di–Fr 10–16, Sa, So 11–16, Eintritt 3 € / 1,50 €, Familie 7,50 €, *Restaurant Mo-So,* www.burg-neustadt-glewe.de

Parchim (19370)

Moltke-Gedächtnisstätte, Lange Str. 28, Tel. (03871) 26 77 48

Museum der Stadt Parchim, Lindenstr. 38, Tel. (03871) 21 32 10, Di–Fr 10–12, 14–16, So 14–16, www.stadt-parchim.de

Plau am See (19395)

Bienenmuseum und Schau-Imkerei, Rostocker Chaussee 61, Tel. (38735) 452 25, Eintritt 1,50 € / 0,50 €, www.bienen-bode.de

Burgmuseum, Burgplatz 2, Tel. (038735) 443 75, tgl. 10–17, Eintritt 2,50 € / 0,50 €, www.burgmuseum-plau.eu

Kultur- und Informationszentrum Karower Meiler, Ziegenhorn 1, OT Karow, Tel. (038738) 702 92, Mai–Sep 10–17, Eintritt frei *(Ausstellung „Der Naturpark Nossentiner/Schwinzer Heide"),* www.naturpark-nossentiner-schwinzer-heide.de

Röbel (17207)

Stadtgeschichtliches Museum „Heimatstuben" in der Touristinformation, Straße der Deutschen Einheit 7, Tel. (039931) 801 13, www.stadt-roebel.de

Waren (17192)

Kleines Fischereimuseum, Am Seeufer 73, Tel. (03991) 15 34 25

Militärhistorisches Marinemuseum e. V., Lange Str. 3, Tel. (03991) 632 548 280

Müritzeum, Zur Steinmole 1, Tel. (03991) 63 36 8-0, Mo–So 10–18, Eintritt 9 €/3 €, Familien 20 €, www.mueritzeum.de

Stadtgeschichtliches Museum, Neuer Markt 1, Tel. (03991) 17 73 52

Auskunft & Tourist-Infos

Dömitz (19303)

Dömitz Tourist-Information, Rathausplatz 1, Tel. (038758) 221 12, www.doemitz.de

Grabow (19300)

Stadt Grabow, Am Markt 1, Tel. (038756) 503-42, www.grabow.de

Klink (Müritz) (17192)

Touristinfo im Torhaus, Schlossstr. 1, Tel. (03991) 63 46 88, www.gemeinde-klink.info

Ludwigslust (19288)

Ludwigslust-Information, Schloßstr. 36, Tel. (03874) 526-251 oder 252, www.stadtludwigslust.de

Lübz (19386)

Stadtinformation Lübz, Am Markt 23, Tel. (038731) 47 18 39, www.luebzerland.de

Malchow (17213)

Fleesensee-Touristik Malchow e.V., Kirchenstr. 11, Tel. (039932) 831 86, www.luftkurort-malchow.de

Neustadt-Glewe (19306)

Stadtinformation Neustadt-Glewe, Alte Burg 1, Tel. (038757) 500 64, www.neustadt-glewe.de

Parchim (19370)

Stadtinformation Parchim, Blutstr. 5, Tel. (03871) 71 550, www.parchim.de

Plau am See (19395)

Tourist-Info Plau am See, Marktstr. 20, Tel. (038735) 456 78, www.plau-am-see.de

Röbel (Müritz) (17207)

Tourist-Info Röbel, Straße der Deutschen Einheit 7, Tel. (039931) 801 13, www.stadt-roebel.de

Waren (Müritz), (17192)

Tourist-Info Waren, Neuer Markt 21, Tel. (03991) 74 77 90, www.waren-tourismus.de

Websites

www.mueritz-elde-tourismus.de

www.flussinfo.net *(gute Website mit Infos zum Paddeln in Nord- & Nordostdeutschland).*

Allgemeines zum Thema Kanu

Bundesverband Kanu e.V., c/o BVWW, Gunther-Plüschow-Str. 8, 50829 Köln, Tel. (0221) 595 71-0, www.bvkanu.de

Deutscher Kanu-Verband, Bertaallee 8, 47055 Duisburg, Tel. (0203) 997 59-0, www.kanu.de

kajak magazin, Schulstr. 12, 76532 Baden-Baden, Tel. (07221) 95 21-0, www.kajak-magazin.de

KANU-Magazin, Oedenberger Str. 65, 90491 Nürnberg, Tel. (0911) 569 23 33-0, www.kanumagazin.de

Die Autoren

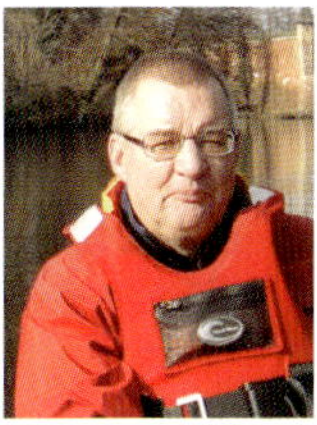

Bernhard Nentwich

geb. 1960, verheiratet und über seine 3 Töchter zum Paddeln gekommen. Von Beruf Banker, also ein aus heutiger Sicht nicht sonderlich seriöser Beruf, obwohl bei den „Guten" (Sparkasse) beschäftigt. Sowohl mit Kajak als auch Kanadier ist er auf Tages- und Mehrtagestouren besonders gerne auf den Feldberger Seen in Mecklenburg-Vorpommern, aber auch im europäischen Ausland unterwegs.

Thomas Kettler

Verleger und Fotograf. Autor mehrerer Paddelbücher. Zahlreiche Reisen in Europa, Südamerika; Wandertouren in Finnland, Norwegen und Schweden, auf den Kanarischen Inseln; seit 1994 begeisterter Kanuwanderer.

www.thomas-kettler-verlag.de.de

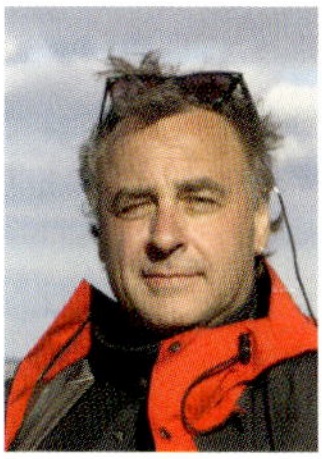

Jübermann - Kartographie und Verlag

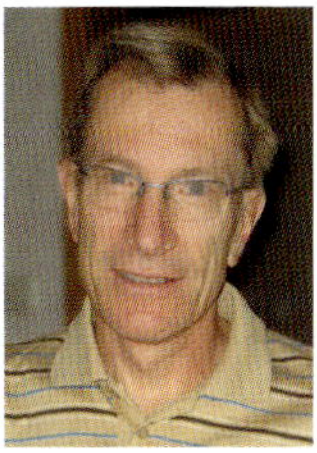

Der ***Jübermann-Verlag*** hat sich auf die Herstellung von Gewässerkarten für Wassersportler spezialisiert.

Karten, im Maßstab 1:100.000 und größer, sind in bezug auf die Gewässer bzw. Wassersportinhalte im Gelände komplett überprüft. Jeder dargestellte Gewässer-km ist auch per Boot kontrolliert worden. Hier sind keine Schreibtischtäter am Werk, sondern passionierte Wassersportler ***www.juebermann.de***

Register